2019 Harry H.Clever

Verlag und Druck: tredition GmbH, Halenreie 40 – 44, 22359 Hamburg

ISBN:978-3-7497-4687-3 Paperback

ISBN:978-3-7497-4688-0 Hardcover

ISBN:978-3-7497-4689-7 E-Book

Bibliografische Information der Deutschen Nationalbibliothek:
Die Deutsche Nationalbibliothek verzeichnet diese Publikation in der Deutschen Nationalbibliografie; detaillierte bibliografische Daten sind im Internet über http://dnb.d-nb.de abrufbar.

Chepa,

die Zwiebel!

So gesund und rührt doch zu Tränen!

Pfanne

oder Pott?

für Single doch nur Schrott ?

Geschichte und Hintergründe, Rezepte und Tipps, die etwas
andere Küchenanleitung, auch zur Resteverwertung!
Harry H.Clever

Vorwort:

Hirnschmalz, Pott und Pfanne, die Zwiebel und auch Reste vom Vortag sind schon seit uralten Zeiten ein heißes Thema in jeder Küche und bei so manchem Küchenakteur auch ein Buch mit sieben Siegeln, obwohl mit ein paar einfachen Tipps ein delikates Essen gar nicht ein Problem sein muss, wenn man die nötige Reihenfolge einhält.

Mit dieser Niederschrift soll vielen Kochmuffeln und auch unschlüssigen Mitmenschen ein wenig Mut gemacht werden, mit selbst erstelltem Essen sich täglich gesund zu ernähren zudem auch eine eingehende Betrachtung einer unendlich alten Gewürz und Gemüsepflanze, natürlich mit einigen Koch und Gebrauchsanleitungen.

Der Schwerpunkt liegt hierbei überwiegend bei Alleinlebenden, ob Jung oder Alt, bei beiden großen Bevölkerungsgruppen ist seit langem zu beobachten das auf Dauer die unregelmäßige und nicht gerade gesunde Ernährungsform mit Fastfood immer mehr zugenommen hat, obwohl die gesunde Selbstversorgung eigentlich gar nicht so schwer ist.

Zugleich wird auch das Problem der Resteverarbeitung in der kleinen Küche betrachtet und angesprochen, was mit Köpfchen, diversen Vorschlägen und ein wenig guten Willen überhaupt kein Problem für Sie darstellen muss.

Weiterhin wird auch ein sehr altes Gewürz und Lauchgemüse, die Allium Chepa vorgestellt, die Zwiebel die schon von den alten Ägyptern regelrecht gehuldigt und auch verehrt wurde, deren sehr verschiedenen Gebrauchsmöglichkeiten mit einigen Rezepten Ihnen nähergebracht werden soll.

Die Chepa Allium, wie eine Zwiebel auch damals schon genannt wurde, sie wird in ihren vielseitigen Arten somit in diversen Rezeptvorschlägen vorgestellt, die auch bei einer Resteverarbeitung einen breiten Raum einnehmen kann und mancher eher unbeachteter Rest erlebt damit eine fröhliche Wiedererweckung.

Ein einfacher Beilagen Rest von Gestern kann mit einer delikat zubereiteten Zwiebelschmelze heute wieder ein köstliches Essen ergeben, die tägliche Versorgung mit Vitaminen und Spurenelementen sind eben wichtige Grundsätzliche Bausteine in unserem Leben.

Dieses Lauchgewächs begleitet regional über hunderte von Jahren unter anderem auch die Stadtgeschichte einer sehr alten Mittelalterlichen Ortschaft am Neckar.

Das Speisen und die Geschichten, davon und darum haben bekanntlich schon eine unendliche Zeit überdauert und hat auch schon große Köpfe zu allen Zeiten zu launigen Äußerungen und treffenden Bemerkungen bewegt.

Für die Single und kleine Küche,
ein Mutmacher für Jung und Alt!

Sich die nötige Zeit zum Essen nehmen, dass bringen manche Leute gerade noch fertig, aber zubereiten, dass überlässt man dann lieber doch wiederum Anderen, obwohl es heute doch schon eine große Palette ausgezeichnetes fast fertiges Essen zum weiteren selbst herrichten gibt.

Fertigessen, diese Bezeichnung ist hier eigentlich nicht ganz richtig, da im Grunde überwiegend die so genannten Halbfertigwaren in dieser Broschüre angesprochen werden sollen.

Genau genommen sehr bedenklich ist, das gedankenlose Essen so im Vorbeigehen. Heute wird ja fast alles als sogenanntes To Go Futter angeboten, was aber meist nur ein gewisses schnelles, aber umfangreicheres Naschen bedeutet oder gerademal ein Imbiss, eigentlich nur eine kleine Zwischenmahlzeit ist.

Hier wird dann doch vermehrt nach einem recht ungesunden Motto verfahren, Hauptsache der Ranzen spannt und der Magen knurrt nicht mehr. Mit was man ihn beruhigt hat, spielt für sehr viele Personen eben in diesen Momenten überhaupt keine maßgebliche Rolle.

Dabei wird aber wohl vergessen, dass das Essen eine sehr wichtige, sogar lebenswichtige sinnliche und auch etwas Zeit benötigende dringliche Beschäftigung ist.

Denn alles was in unserem Leben sinnlich und wichtig ist und erscheint, wird ja doch auch wohl vom Kopf direkt ausgesteuert und nicht unwesentlich beeinflusst und deshalb sollte er zum und vor dem Essen unbedingt auch mit eingebunden werden.

In jedem Falle ist auch in einer Single oder Senioren Küche ein gutes, gepflegtes ja fast gehobenes Kochen ohne übermäßigen Aufwand möglich, wenn man die Unlust und Bequemlichkeit mal etwas abstreift.

Nach dem Grundprinzip gewusst wie, lässt sich auch in kleineren Portionen kochen, somit steht dann dem persönlichen Geschmack eigentlich nichts mehr entgegen.

Selbst die altbekannte Gefahr, dass meist die Augen größer sind als der Magen ist, besteht eigentlich auch nicht unbedingt, denn wenn es Reste gibt, ist das mit etwas Überlegung dann überhaupt auch kein Problem mehr.

Ganz im Gegenteil, bei manchem Kochvorgang kann man sogar bewusst auf einen Rest hinarbeiten, wenn man dann mit etwas Überlegung schon für einen der nächsten Tage bewusst einen Grundstock für ein leckeres Mahl erstellt.

Das grundsätzliche Motto sollte also stets lauten, erst der Kopf, dann der Topf, wie im täglichen Handeln, aber auch so beim Kochen liegt der Segen, sprich der tiefere Sinn liegt auch in dem bewusst bedachten vorherigen Einkauf.

Denn wer einfach Gedankenlos etwas Essbares nach Hause schleppt und sich erst dann über die Gestaltung die ersten Gedanken macht, macht es sich unnötig schwer und ob das Fertigessen das man dann vielleicht einfach nur aufgewärmt hat, auch schmeckt und zusagt, ist dann doch schon auch zu erfragen

Dass es auch mit fast dem gleichen Aufwand anders gehen kann, möchte der Autor mit dieser Schrift als Anleitung und auch Mutmacher Ihnen etwas erklären und schmackhaft machen.

Es ist also kein direktes Kochbuch, sondern soll mehr eine Hilfestellung für Küchenneulinge bei der Handhabung und auch bei dem Einkauf von Nahrungsmittel sein und Ihnen die Scheu vor der Küche und den eventuellen Resten nehmen.

Kaum ein junger Mensch hat wirklich den Drang sich mit Pott und Pfanne auseinanderzusetzen, das kann und konnte die Mutter doch viel besser.

Doch es kommt zwangsläufig früher oder später die Zeit, wo man dann auf eigenen Füßen stehen sollte und vielleicht auch muss, was mit einer eigenen Bude beziehen eben noch nicht vollführt ist, die Ernährung gehört ja auch dazu.

Zu Beginn kann man ja noch in den unzähligen Imbissbetrieben dem drängenden Hunger entgehen, doch auf die Dauer ist das doch auch recht kostspielig, einseitig und gewiss nicht unbedingt gesund.

Doch da gibt es ja auch noch Fertigessen, die man nur aufwärmen muss, ja aber auch diese haben eine nicht zu verachtende negative, schon mal auch inhaltlich eine ungewollte Seite, Hülsenfrüchte, Paprika oder Ähnliches, das Sie vielleicht nicht mögen oder vertragen.

Denn die Zusammensetzungen und Mengenbemessung stimmen nicht immer mit ihrem persönlichen Geschmack und ihren Bedürfnissen überein, denn der Inhalt und die Angaben bestehen und beziehen sich auf genormte errechnete industrielle Durchschnittswerte und natürlich auch sehr stark auf die aktuellen Angebote des Marktes der benötigten Zutaten und Waren zur Herstellung.

Die hier gemachten Ratschläge betreffen überwiegend dann auch die alleinlebenden älteren Personen, diese sind, so ist anzunehmen zwar mit der Technik der Küche vertraut, aber die Unlust zum Kochen holt sie ständig ein und lässt sie ihre Kochkenntnisse regelrecht vergessen.

Nur nicht entmutigen lassen, für all diese Personen gibt es gute schmackhafte und kostengünstige Lösungen, auch besonders als halbfertige Ware auf dem Markt, wie man damit umgeht, können Sie mit dieser Schrift ebenfalls kennenlernen.

Der wichtigste Aspekt sollte aber zur gesunden Ernährung nicht vernachlässigt werden, sich die nötige Zeit zum Essen und der Zubereitung nehmen, ob nun Jung oder Alt, ein klein wenig Struktur braucht das Leben eben, ob nun in der Jugend oder auch im Alter sonst ist es Öde und auch Langweilig.

Versorgung ist ein wichtiger Baustein
in unserem Leben!

Mit dieser Niederschrift soll vielen Kochmuffeln und unschlüssigen Mitmenschen Mut gemacht werden, sich mit selbst erstelltem Essen täglich gesund zu ernähren, zudem gibt es eine eingehende Betrachtung der Zwiebel, einer unendlich alten Gewürz und Gemüsepflanze, natürlich auch mit einigen Koch und Gebrauchsanleitungen.

Der gravierende Schwerpunk liegt auch hierbei erstmal überwiegend bei Alleinlebenden, ob Jung oder Alt, bei beiden großen Bevölkerungsgruppen ist seit langem zu beobachten das auf Dauer die unregelmäßige und nicht gerade gesunde Ernährungsform mit Fastfood immer mehr zugenommen hat, obwohl die Selbstversorgung doch gar nicht so schwer ist.

Natürlich hat ein Neuling in einer Küche auch einige Probleme mit dem richtigen Bemessen der erforderlichen Mengen, doch das gibt sich recht schnell mit der Zeit und Übung, es sollte nun gar kein Anlass sein die Küche generell links liegen zulassen, denn mit ein wenig Überlegung wird auch aus einem fast verachteten Rest ein tolles neues Gericht.

Zugleich wird eben das Problem der Resteverarbeitung in der kleinen Küche betrachtet und angesprochen, was mit diversen Vorschlägen und guten Willen überhaupt kein Problem für sie darstellen muss.

11

Weiterhin wird Ihnen auch ein sehr altes Gewürz und Lauchgemüse, die Allium Chepa vorgestellt, die Zwiebel die schon von den alten Ägyptern regelrecht gehuldigt und auch mystisch verehrt wurde, deren vielen verschiedenen Gebrauchsmöglichkeiten sollen mit einigen Rezepten Ihnen hiermit auch nähergebracht werden.

Die Chepa Allium, wie die Zwiebel auch damals schon genannt wurde, sie wird in ihren vielseitigen Arten somit in diversen Rezeptvorschlägen vorgestellt, die dann auch bei einer Resteverarbeitung einen breiten Raum einnehmen kann.

Ein einfacher Beilagen Rest von Gestern kann mit einer delikat zubereiteten Zwiebelschmelze und anderen Zutaten oder Zubereitungen heute ein köstliches Essen ergeben.

Die große Familie der Lauchpflanzen, ob Porree, Zwiebel oder auch Knoblauch, um nur drei Exemplare zu nennen sind unbestritten sehr gesunde, aber zum Teil auch verkannte Küchengemüse und Pflanzen, die durch einfache Handhabung mit einer kleinen Anleitung eine gute Ergänzung oder auch bei der Resteverwertung hilfreich sein kann.

Dieses Lauchgewächs begleitet unter anderem seit langer Zeit auch die Stadtgeschichte einer sehr alten Mittelalterlichen Ortschaft am Neckar und hat zudem auch im Laufe der Zeit einige bekannte große Köpfe der Geschichte zu diversen nachdenklichen Gedanken, Ratschlägen, Reimen und Liedern verleitet.

Essen im Wandel der Zeiten!

Ein ganz natürliches Bedürfnis ist das Speisen, Essen zu sich nehmen ist wohl eines der wichtigsten natürlichen Beschäftigungen eines Lebewesens, ob man es von der tierischen oder menschlichen Warte aus sieht, denn der Organismus eines Lebewesen benötigt eben konstante Versorgung mit Vitaminen und Spurenelementen um Ordnungsgemäß zu funktionieren.

Essen ist somit wohl auch eine der ältesten kultivierten, nötigen und wichtigsten Tätigkeiten der Menschheit, dadurch wurde auch die Beschaffung von Essbarem durch Sammeln und Jagen in ganz alten Zeiten zur wichtigsten Beschäftigung unserer Ur Urvorfahren.

Das Essen in der Gruppe ist bei dem Menschen auch erst richtig mit der Nutzung des Feuers entstanden, da man ja das Garen nur über dem Feuer bewerkstelligen konnte, somit war man überwiegend ja an die örtlichen und häuslichen Feuerstellen überwiegend gebunden.

Damit wurde auch der Zusammenhalt der Familie und Sippe gefestigt, es war damals auch eine der disziplinarisch höchsten Strafen, wenn man von dem gemeinschaftlichen Essen ausgeschlossen wurde.

Ganz früher war es daher auch schon mal nötig sich den Magen so voll wie möglich zu schlagen, weil man ja nicht wusste wann es wieder reichlich und genug zum Verspeisen gab.

Schon in der damaligen Zeit hat man sich aber ausreichend genug Zeit beim Verzehr genommen und auch danach noch dem stark gefüllten Ranzen genug Muße zur Verdauung gegeben.

Im Laufe von unzähligen Jahren hat sich diese lebensnotwendige Tätigkeit extrem verändert, besonders zu der Zeit der Industrialisierung, wo sich die tägliche Arbeit nicht mehr mehrheitlich um die Beschaffung von Nahrungsmittel orientierte.

Man musste, wenn man etwas zur Ernährung haben wollte, vorzeitig zur rechten Zeit eine Saat in die Erde bringen um später dann endlich mal etwas ernten zu können.

Doch auch der Boden musste ja schon vorab aufbereitet werden, wer da zu nachlässig war hatte dann auch weniger Ausbeute, also ist und war das Hauptaugenmerk auch hier auf die Zeit vorher gerichtet.

Das war Jahrhunderte lang der ganz normale Lebenskreislauf, somit musste man schon lange vor dem Verzehr eines Nahrungsmittels sich um deren Beschaffung intensiv kümmern, wer es nicht tat oder zu nachlässig war, der musste dann eben hungern und darben.

Der ganz natürliche und zwingende Ablauf ist also auch schon vor fast unendlicher Zeit zwingend gewesen, als erstes musste also auch damals schon der Kopf eingesetzt werden.

Um etwas Später zur gegebenen Zeit Ernährendes und Schmackhaftes auf den Tisch bringen zu können.

Vor gar nicht so vielen Jahren hatte man noch nicht die einfache Möglichkeit mal eben in einem Supermarkt uneingeschränkt nach Herzenslust einkaufen zu können.

Denn die Auswahl und die Vorhaltung in einem Einzelhandelsgeschäft war vor rund vierzig Jahren und noch früher, lange nicht so reichhaltig und vielfältig wie man das heute, wie selbstverständlich gewohnt ist.

Wie man nach der Betrachtung der alten Zeiten auch heute noch stets feststellen kann, es lautet immer noch der gleiche unumstößliche Grundsatz, erst den Kopf und dann den Topf oder die Pfanne benutzen.

Ganz im Gegenteil könnte man meinen, Heute wo all diese Attribute einer gesunden und gedeihlichen Ernährung viel zu oft missachtet werden.

Gerade heute, wo die nervliche und berufliche Anspannung immer größer und der Zeitrahmen stets enger wird, sollte man viel mehr gerade beim Speisen darauf achten, dass zur Ernährung, was ja schon mit dem Einkauf beginnt, auch zum Kochen genügend Zeit eingeplant wird.

Leider wird in der heutigen schnelllebigen Zeit, angeblich um Zeit zu sparen, diese wichtige sinnliche Tätigkeit der Nahrungsaufnahme zu stark vernachlässigt.

In dem man so ganz nebenher sogar beim Laufen, Lesen oder anderen Tätigkeiten gedankenlos etwas in sich hineinstopft, das einzige was registriert wird ist vielleicht der Geschmack, oder ob es auch genug ist.

Daher ist es gar nicht verwunderlich das so viele Leute Probleme mit Ihren Verdauungsorganen bekommen und dass nur, weil man sich nicht den Moment Zeit nimmt die lebensnotwendige Nahrung in Ruhe und darauf konzentriert zu sich zu nehmen.

Besonders hiervon betroffen scheinen die Alleinlebenden Personen ob nun schon etwas betagt oder noch jung an Jahren zu sein.

Ob nun gedankenlos, Gestresst oder auch in Eile, wichtig ist die innere Einstellung zum Thema Essen, nehme Dir stets die nötige Zeit zum Essen bereiten und vor allem beim Verspeisen.

Wenn Sie ihre tägliche Arbeit Vergleichsweise genauso nebenbei verrichten würden wie ihre Ernährung, wären Sie gewiss nicht der beste Mitarbeiter in der Firma, aber ganz gewiss im Blickfokus von Ihrem Vorgesetzten.

Der Magen und Darm, besser gesagt die Nerven dieser Organe brauchen ja auch ein klein wenig Zuwendung und Ruhe um mit den, zum Leidwesen der Organe nicht immer gerade gesunden Nahrungsmitteln ein gesundes bekömmliches Miteinander zu ermöglichen.

Ein unkonzentriertes und gedankenloses Essen ist wie eine Vergewaltigung der Verdauungsorgane, denn diese müssen unvorbereitet mit dem Gereichten klarkommen.

Mancher Zeitgenosse ist sich auch der Tatsache nicht ganz bewusst, dass der menschliche Organismus einen zwingend ineinandergreifenden Ablauf hat.

Der Organismus arbeitet ja wie eine chemische Fabrik, alles was man einfüllt sollte miteinander auch harmonisieren, wenn man da nicht darauf achtet, braucht man sich wegen störenden Gegenreaktionen und Unwohlsein nicht wundern.

Eine Beobachtung macht doch irgendwie nachdenklich, dass ausgerechnet die Mehrzahl der Menschen, die im normalen Leben alles übergenau nehmen, beim Essen aber eher nachlässig und fast schon schlampig sind.

Wieso sind aber Pedanten ihrem eigenen Körper gegenüber eher so nachlässig und Gedankenlos, sie verschwenden kaum gründliche Gedanken an ein Essen und erst recht nicht an der nötigen häuslichen Herstellung.

Eigentlich sollte man doch annehmen, dass gerade diese Personen eher sehr genau darauf achten wie und was sie zu sich nehmen, es erschöpft sich überwiegend aber zumeist darauf, dass die Waren und die Herstellung rein biologisch und naturnah sind.

Aber man nimmt sich kaum die Zeit der Zubereitung und vor allem dem Verspeisen, dafür investiert man dann kaum die dringend nötige Zeit, denn in ihrem Zeit und Weltbild wäre dieses schon fast Zeitverschwendung, weil man ja vermeintlich viel Wichtigeres zu erledigen hat, als seinem eigenen Grundbedürfnis dem Essen nach zu kommen.

Am liebsten wird dann noch beim gedankenlosen reinlöffeln etwas vermeintlich Wichtiges dabei gelesen oder verrichtet, ganz nach dem Motto, Hauptsache der Ranzen spannt danach und der Magen knurrt dann nicht mehr.

Aber wenn man bedenkt, dass die Zeit zur eigentlichen Speiseaufnahme mit zu den wichtigsten Zeitbereichen des menschlichen Lebens zu zählen ist, dann versteht man auch den Grund der Dringlichkeit, dass man zum Speisen unbedingt die nötige Zeit und Muße einhalten sollte.

Also ist gedankenloses Magenfüllen wirklich nicht besonders ratsam, denn ein wahllos zu sich genommenes, nicht abgestimmtes Essen ist praktisch kontraproduktiv, eigentlich sogar viel schlechter als ein leerer knurrender Magen.

Es ist unbedingt zu beachten, dass mit der vorherigen Einstimmung der Kopf schon vorher und besonders bei der Nahrungsaufnahme sich mit dem Essen befasst. Man hat dadurch doch keine kostbare Zeit vermeintlich unnütz verplempert.

Denn der Magen reagiert dann schon vorab mit der Produktion der doch so wichtigen Magen und Verdauungssäfte, was verständlicher Weise dann dem allgemeinen Befinden wohltuend zu Gute kommt.

Warum sollte ihr Magen anders reagieren als Sie selbst, denn wenn Sie nicht so richtig eingestimmt sind und daher keine Lust zu etwas haben, passiert ja auch nicht gerade viel. Doch wenn ihre jeweilige Einstimmung stimmt, hat man an der gleichen Sache und Unternehmung mehr Erfolge und auch seine erwartete Freude.

Genau so muss man dann auch die Reaktion Ihres Verdauungsapparates sehen, ohne vorherige Einstimmung zwinge ich meinen Magen mit dem was kommt ohne entsprechende Einstimmung und Vorbereitung zurecht zu kommen.

Auch ein wenig Hintergrundwissen über diesen so wichtigen Teil unseres Lebens kann nicht schaden, denn nicht alles was essbar ist, ist auch zugleich gesund.

Es ist also sehr wichtig die Grundbegriffe zu kennen und jeden Begriff auch für sich abzuhandeln, Arbeit ist grundsätzlich dem Gelderwerb zuzurechnen und Essen eben der Energieversorgung für ihren Organismus, diese elementaren Dinge müssen unbedingt getrennt gehandhabt werden.

Wie alles im Leben braucht auch alles seine Zeit, doch wenn man diese Angelegenheiten willkürlich oder gedankenlos durcheinanderbringt, braucht man sich nicht wundern, dass der Organismus irgendwann rebelliert und streikt.

Wer ein klein wenig Ökologisch denkt, kommt nicht umhin sich auch mit den manchmal zwangsläufig sich ergebenden Resten zu befassen, besonders in den sogenannten Kleinhaushalten wie beim Single oder auch Rentnerhaushalt.

Hier ist unbedingt darauf zu achten das eben nur für Eine oder gerade mal Zwei Personen gekocht werden muss. Und das im Alter auch die Nahrungsaufnahmen lange nicht mehr so üppig ausfallen muss wie in jungen Jahren. Mit diesen Aspekten muss man sich auch ernsthaft befassen, um zu vermeiden, dass man unter Umständen an mehreren Tagen das gleiche Essen zu sich nehmen muss, da es einem ja vielleicht auch wiederstrebt etwas zu entsorgen.

Auch hier wird eindeutig klar wer vorher nicht seinen Kopf benutzt hat sich selbst den schlechtesten Dienst erwiesen, die Grunddevise sollte in jedem Falle immer lauten:

Zuerst kommt der Kopf, dann erst der Topf!

Ob man nun selbst etwas zubereiten will oder auf die Schnelle sich etwas zum Essen besorgt, man sollte die dafür nötige Zeit in jedem Falle sich nehmen. Wenn man dann noch das Einkaufen mit der nötigen Sorgfalt und Bedacht erledigt, steht einem bekömmlichen Genuss nicht mehr viel im Wege.

Damit kann man aber auch recht viel Zeit einsparen denn wenn man etwas gezielt und geplant angeht, benötigt man bekanntlich wie auch bei der Arbeit weniger Zeit.

Auch wenn man kein malerisches Talent hat, kann man sich ein gutes Essen in den schönsten Formen und Farben vorstellen, genau das sollte man auch schon beim Einkaufen tun, dann passt später auch alles bestens zusammen.

Aber Vorsicht, dabei kann dann sehr schnell die Mengenvorstellung aus dem Ruder laufen, ganz nach dem alten Erfahrungswert, die Augen sind wiedermal größer als der Hunger und Bedarf.

Auch hier bestätigt sich der nötige natürliche Kreislauf, erst kommen die Augen dann das Hirn in Tätigkeit und dann auch die Beschaffung der nötigen Materialien, später nach dem Kochen dann der Magen und der Darm zu ihrer vorgegebenen lebenswichtigen Tätigkeit.

Ein eventueller vermeintlicher Zeitengpass ist auch kein Grund sich auf Dauer ungesund zu ernähren, Nachlässigkeit und Gedankenlosigkeit ist beim Thema Ernährung vollkomme fehl am Platze.

Die Nahrungsbeschaffung Gestern und Heute!

Vor gar nicht so vielen, etwa hundert Jahren musste man noch mit dem was der Garten, die eigene Scholle oder der eigene Stall hergab auskommen und dann ganz natürlich verbunden mit den Überbleibseln der Vortage.

Denn etwas wegwerfen war ein nicht hinnehmbares Vergehen, das wichtigste war eben etwas Nahrhaftes auf den Tisch bringen, zudem war es ja üblich das die im Hause oder Hof angestellte Personen ja auch noch mit verköstigt werden mussten.

Manche Bäuerin oder Hausfrau hatte dann schon fast eine Großküche zu bewältigen, es ist schon ein großer Unterschied ob man wie heute im Durchschnitt gerade Mal für drei oder vier Personen kochen muss.

Sondern wie früher für rund zehn Personen oder auch noch einige mehr, deshalb waren früher auch Schöpfgerichte oder Eintöpfe ganz normal für die Kochplanung, denn nicht immer waren auch saisonal bedingt von den gewünschten benötigten Zutaten genug vorhanden.

So musste man eben ganz schön variabel sein, man musste verschiedenes schmackhaft mit einander zusammen bringen um eben genug für alle zu haben.

Da man früher noch keine künstliche Kühltechnik kannte und besaß wurde fast alles entweder eingekocht, oder durch Salz und Essig für längere Zeit dann lagerfähig und haltbar gemacht.

Fast alles was ein Garten hergab wurde so für den Winter und zur nötigen Zeit eingelagert und dieses vorbereitete Gemüse oder Obst wurde dann in den verschiedensten Variationen auf den Tisch gebracht.

Fleisch oder Fleischwaren wurden auch nicht täglich verspeist, außer etwas Wurst zur Morgenvesper oder zum Abendessen, dafür war aber das Mittagsmahl trotzdem meistens nahrhaft und auch recht fettreich.

Fleisch war ein sehr hohes Gut mit dem sehr sparsam umgegangen wurde und ebenfalls für spätere Zeit mal gesalzen, gedörrt oder auch geräuchert, sehr oft wurde diese rare Ware nur mehr als Namens oder Geschmacksgeber genutzt, denn mehr aus einem Mangel, als ein sättigendes Nahrungsmittel.

Selbst nach den Weltkriegen war die Selbstversorgung, wo es eben möglich war, oberste Priorität. Da mussten vor allem in den Städten auch schon mal die Blumenkästen zum Anbau von Küchenbrauchbaren Dingen benutzt werden.

Da die benötigten Nahrungsmittel noch nicht in unbegrenzten Mengen zu fast jeder Zeit wie heute in einem Laden vorhanden waren, wurde darauf geachtet, dass nur ja nichts verkommen konnte.

Reste wurden in jedem Falle an einem der nächsten Tage mit in die Küchenplanung einbezogen.

Selbst mit dem Salz, mit dem man ja auch manches länger lagern kann und konnte stand damals nicht in unbegrenzten Maßen in jedem Haushalt zur Verfügung, allein schon wegen der Kosten dafür, man nannte es damals ja auch nicht umsonst das Weiße Gold.

Denn etwas länger aufbewahren war damals fast noch unmöglich, denn es gab noch lange nicht auch nur annähernd die heutigen vielfältigen Kühlmöglichkeiten

Wenn ein Haushalt über einen stets gleich temperierten kühlen Gewölbekeller verfügen konnte, war die kurzfristige Aufbewahrung kein so großes Problem, aber nicht jeder hatte eine solche baulich natürlich gegebene Möglichkeit.

Somit war das zwangsweise Resteverwerten, sobald als möglich, auch zum Strecken einer neuen anderen Speise schon oberstes Gebot und durch diese Begebenheit wurden dann schon zwangsweise viele Schöpf und Eintopfgerichte in der normalen Küche hergestellt.

Weil man in den sogenannten schlechten Zeiten nach den Weltkriegen eben auch nur einen begrenzten Rahmen an Lebensmittel zur Verfügung hatte, wurde auch da vieles als Einmachgut für später konserviert, fast alles wurde in irgendeiner Form für spätere Zeiten eingekocht oder haltbar gemacht.

Eigentlich spielte in früheren Zeiten der momentane Glücksfall, günstig an Nahrungsmittel zu kommen was man dann auch für Später Einkochen konnte, eine nicht unmaßgebliche Rolle.

Die verschiedenen Formen einer Konservierung wie sie früher üblich waren sind heutzutage leider fast gänzlich aus der Mode gekommen.

Eigentlich wurde mir mehr durch Zufall bekannt, das regionale sehr beliebte Essen wie Gaisburger Marsch oder Pichelsteiner Topf und noch eine ganze Reihe gut schmeckender Speisen, eigentlich in Wirklichkeit früher auch durch Resteverwertung entstanden sind.

Anders als heute hatte man nicht immer zu jeder Zeit die erforderlichen Dinge zur Verfügung, um ein Wunschessen nach seiner Vorstellung zu erstellen, man musste mit dem was vorhanden war auskommen und zur Not dann auch in vielen Variationen verändert werden.

Fehlten mal ein entsprechendes Stück Fleisch wurde auch schon mal ein Stück Dauer oder Hartwurst gewürfelt zugegeben und schon hatte man den gewünschten Geschmack im Essen mit dieser indirekten geringeren Fleischzugabe.

Der Volksmund sagte es auch schon früher recht deutlich, Not macht eben erfinderisch und reichlich Vorrat macht nun mal gedanklich träge.

Heut zu Tage hat man schon die fast unbegrenzten Möglichkeiten zu einer ausgewogenen Ernährung, von der man früher noch nicht viel ahnte und wusste, sich äußerst gesund zu ernähren schon wieder unbewusst Abstand genommen.

Man nimmt sich einfach nicht mehr die nötige Zeit zur Zubereitung, was aber noch schlimmer ist, selbst zum Verspeisen nimmt man sich nicht die nötige Zeit, man ernährt sich praktisch nur so nebenbei.

Tatsächlich scheuen sich manche Zeitgenossen ob Jung oder Alt davor, besonders wenn sie alleine leben, sich selbst ein Essen herzurichten. Mit diesem natürlichen Bedürfnis sich auch abzugeben und sich etwas Schmackhaftes und Gesundes selbst zu kochen, gerät durch Ablenkung völlig ins Hintertreffen.

Da sind belanglose Nebensächlichkeiten urplötzlich viel wichtiger als sich um ein gesundes und ausgewogenes Essen zu kümmern und bemühen, wenn sich dann der Hunger massiv meldet, greift man schnell und gedankenlos zu irgendetwas, was für den Moment den knurrenden Magen beruhigt und sich so daran aus der Bequemlichkeit heraus tatsächlich auch noch gewöhnt.

Durch die überall zu jeder Tageszeit angebotenen Imbisse und Snacks, überwiegend sogar auch noch als so genanntes To-Go Essen, das dann im Gehen verspeist wird. Das dürfte mit Abstand auf Dauer wohl die ungesündeste Ernährungsform sein die man sich vorstellen kann.

Abgesehen von dem unnötigen unappetitlichen und überall sichtbaren Abfallaufkommen, zum Teil sogar noch mit Essenresten versehen, da tut man der Umwelt noch weniger einen Gefallen als sich selbst.

Zur heutigen Zeit wundern sich auch Leute, dass das eigentlich doch scheue Wild sich heute schon bis in die Innenstädte wagt.

Denn die An und Verlockung wird durch die indirekte Fütterung hervorgerufen, das durch ein gedankenloses Entsorgen von Resten und Verpackungen zum Teil auch noch mit Resten von so genannten To-Go Speisen getätigt wird.

Bei dieser Ernährungsform wird aber auch etwas wichtiges übersehen, denn Essen und Gehen sind für den Körper zwei grundverschiedenen Tätigkeiten, die sich eigentlich nicht miteinander vereinbaren lassen.

Durch diese zu jeder Zeit verfügbare Ernährung verlieren sehr viele Leute auch den Blick für eine Speise und machen sich gar nicht erst die Mühe und den Gedanken über den Ernährungsvorgang, der aber genau genommen überaus lebenswichtig ist.

Wenn die Verdauungsorgane nur noch so ganz nebenbei bei den unmöglichsten Betätigungen, dann noch mit nicht ganz gesunden Dingen vollgestopft werden, braucht sich wohl Keiner wundern, dass das Innenleben irgendwann rebelliert.

Drum denke daran, auch wenn man es vermeintlich noch so eilig hat, nehme man sich die nötige Zeit zum Essen, das Innenleben dankt es Ihnen.

Denn die tägliche Arbeit auch nur mit dem halben Kopf und Interesse gemacht, ist und bleibt ja auch nur ein Stückwerk und ist letztendlich in keiner Weise ein bedeutender Zeitgewinn.

Was vielen Leuten gar nicht bewusst ist, ist aber überaus wichtig denn im Grunde sollte unser Verdauungsapparat, sprich unser Magen und der Darm erst auf die Nahrungsaufnahme vorher eingestimmt werden.

Denn das gehört wirklich zum Essen, denn der Magen entwickelt ja nicht unentwegt Verdauungssäfte, sondern erst auf eine entsprechende Anregung, einem Impuls von unserem Gehirn hin.

Wenn der Magen fortdauernd ständig Verdauungssäfte produzieren würde, könnten wir unentwegt über zu viel Magensäure klagen, wir hätten dann eben konstant auch Sodbrennen oder auch andere Magen bedingte unangenehme Reaktionen.

Nicht von ungefähr gibt es schon seit undenklicher Zeit den Ausspruch, dass einem das Wasser im Mund zusammenlaufen kann, wenn man an etwas Delikates denkt, weil der Kopf, der Magen und der Darm genau genommen eine komplette zusammen gehörige Arbeitseinheit darstellt.

Durch einen normal und gut eingestimmten Magen kann dann auch der Darm durch den Impuls vom Magen her seine für uns so wichtige Tätigkeit aufnehmen.

Denn erst im Darm werden ja die Speisen verarbeitet und in die einzelnen für uns so wichtigen Spurenelemente und Bestandteile zerlegt.

Hier trifft ein schon alter Bekannter Spruch voll ins Schwarze, jedes Ding braucht und hat seine Zeit, also geben Sie ihrem Organismus auch die dafür nötige Zeit, natürlich auch inklusive besonders der Besorgung und Vorbereitung.

So mancher verbringt letztendlich nachher sogar doch viel mehr Zeit und auch Aufwand damit, seinen verstimmten Verdauungsapparat, der durch eine Gedankenlosigkeit und vermeintlichen Zeitdruck in Unordnung gebracht wurde, wieder zu Ordnen und auf normal Betrieb einzustimmen, als man vielleicht für einen kurzen Moment der Konzentration auf und für eine Speise benötigt hätte.

Die Stimulierung des Magen und Darmbereichs gehört somit als fester Bestandteil zu selbst dem kleinsten Essen und das beginnt schon mit dem Moment, wo man sich überlegt ob vielleicht nicht ein Eis oder kleiner Snack und Imbiss oder auch üppiges Mahl gerade recht wäre.

Also ist eigentlich der auslösende Moment schon einige, ein paar Minuten, bevor man etwas zu sich nimmt besonders wichtig und dass nur weil man sich den Genuss zum Teil schon fast realistisch unbewusst unmittelbar vorher im Kopf vorgestellt hat.

Daher kommen ja auch der manchmal unbezwingbare Heißhunger und das heiße Verlangen auf irgendeine Schleckerei, eben nur vom Kopf vom Gehirn her und danach wird der Magen dann erst auf die Art der vorgestellten Schleckerei aktiviert und eingeschaltet.

Essen und Essen ist eben, wenn man so will genau genommen zweierlei, denn es unterscheidet sich gravierend zwischen gedankenlosem Magenfüllen und gesundem Genießen.

Warum soll man aber beim täglichen Essen denn nicht auch einen Genuss haben, auch wenn es nur eine Kleinigkeit, oder ein aufbereiteter Rest aus dem Kühlschrank ist.

Die Reihenfolge bei jedem Genuss ist grundsätzlich immer die gleiche, erst tritt der Kopf in Aktion, dadurch wird der Magen aktiviert und zum Schluss wird endlich der Darm seine nicht unwichtige Arbeit aufnehmen.

So ist unumkehrbar der Ablauf unserer Ernährung den man nicht mal eben unbedacht durcheinanderbringen sollte.

Nur weil die Zeit drängt oder weil man nicht richtig auf eine vernünftige Einstimmung und nötige Vorbereitung durch Gedankenlosigkeit auf ein ganz natürliches lebenswichtiges Bedürfnis eingeht.

Schon ein alter Spruch sagt es in der Kurzform aus, Essen und Trinken halten Leib und Seele zusammen, mit dem Leib ist der Magen und Darm gemeint und mit der Seele das Gehirn und Gefühlsleben.

Außerdem ist der visuelle Vorgeschmack nicht zu verachten, denn auch dieses kommt direkt vom Kopf her und ihren Verdauungsorganen dann sehr zu Hilfe.

Also lässt sich eindeutig konstatieren das gesunde Kochen und auch Essen fängt eigentlich immer zuerst im eigenen Kopf an. Dieses ungeschriebene natürliche Gesetz sollte für jeden oberste Priorität besitzen.

Das gleiche lässt sich auch bei Personen feststellen, die gerne naschen und dann auch zu etwas Übergewicht neigen, denn es wird gedankenlos viel zu viel und zu oft gerade bei den kaum beachteten kleinen Speisen zugelangt.

Wenn eben unerklärliche Gelüste aufkommen, obwohl man eigentlich gar keinen Ernährungsbedarf hat, das legt sich dann aber gerne an den Hüften und anderen gefährdeten Stellen deutlich sichtbar nieder.

Doch eins ist dabei ganz gewiss, man stillt dabei kein Hungergefühl, sondern man greift eben nur völlig gedankenlos zu, nur um einem gewissen Reiz nachzugeben.

Auch sogenanntes Frustessen kann man dazu zählen, denn es wird ja nicht wegen dem körperlichen Bedarf gegessen, sondern wegen irgendeinem Ärgernis.

Denn man frisst dann nicht nur den Frust und Ärger in sich rein, sondern man versucht einfach das Gemüt und auch den Magennerv mit Mengen zu betäuben.

Das sagt ja auch eine Begriffsdeutung recht deutlich, dass ein Ärgernis auf den Magen schlagen kann, auch ein Gourmand, der alles in größeren Mengen gedankenlos nur so in sich hinein schaufelt, fühlt sich angeblich wohl, ob er es auch ist kann doch ernsthaft bezweifelt werden.

Obwohl es bekannter Weise nicht besonders gesund ist, denn man sieht es ihnen meistens auch figürlich deutlich an.

Doch ein bedachter, vom her Kopf gesteuerter Gourmet, der es versteht, auch Kleinigkeiten zu genießen fühlt sich eigentlich richtig glücklich und lebt in jedem Falle gesünder, denn er belastet neben dem eventuellen Ärgernis, seine Organe nicht mit übermäßigem Essen.

Auch hier kann man nur Konstatieren „nicht die Menge macht richtig froh, sondern, dass was man zu sich nimmt mit Bedacht, den Magen und das Gemüt erst richtig friedlich macht"

Man sollte den natürlichen Vorgang unbedingt beachten, erst kommt das gedankliche Verlangen nach Ernährung allgemein, dann kommt erst die Entscheidung und die entsprechende Auswahl, erst danach kommt dann die tätige endgültige Nahrungsaufnahme, bis dahin war es also nur eine Mentale Sache.

Man kann es drehen und wenden wie man es will, ohne unseren Kopf gelingt auf lange Sicht keine gesunde und bekömmliche Ernährung.

Reste und keine Idee?

Aus einem Rest Gemüse zum Beispiel lässt sich am nächsten Tag eine hervorragende Gemüsesuppe durch Zugabe von etwas Brühe Extrakt in Pulverform und einigen gewürfelten Kartoffeln oder auch anderen Beigaben machen.

Man muss also nicht zwei, drei Tage immer das gleiche Essen zu sich nehmen, nur weil man sich mal in der Menge so richtig versehen hat.

Ganz im Gegenteil man kann sogar bewusst von einem Bestandteil mehr herstellen, um an einem der nächsten Tage ein sehr leckeres Gericht mit etwas Überlegung herzustellen.

Zum Beispiel kann man aus dem gestrigen schwäbischen Menü Linsen und Spätzle mit Würstchen, heute und morgen jeweils gleich zwei unterschiedliche Essen aus den vorhandenen vielleicht auch gewollten Resten herstellen.

Die Linsen kann man auch in kleinen oder auch großen Dosen schon fast fertigbekommen, Achtung nicht verwechseln mit dem angebotenen fertigen Linseneintopf, man muss diese also nicht vorher einweichen und lange kochen.

Das gleiche gilt auch bei den Spätzle, den Schwäbischen Nudeln als Halbfertige Ware, die am besten nicht im Wasser fertig gegart werden, sondern mit einem kräftigen Stich Butter und etwas Flüssigkeit in der beschichteten Pfanne auch fertig gegart werden können.

Dazu dann eine Scheibe vom ebenfalls schon leicht vor gegarten mageren Schweinebauch. Oder aber wenn es beliebt auch ein paar Saitenwürstchen, aber aufgepasst die platzen nun mal sehr schnell, wenn ihnen zu heiß wird.

Den vorgegarten Bauch ebenfalls fertig garen am besten erst nach dem leichten Wässern, wegen dem Salzgehalt, in den Linsen dann zum Schluss fertig garen und schon ist nach dem eventuellen Nachwürzen ein wirklich leckeres schwäbisches Essen fertig.

Von den beiden gestrigen Hauptbestandteilen lassen sich wie schon angedeutet wiederum jeweils zwei sehr leckere Speisen zubereiten, zum einen zu den Linsen einige Kartoffel geschält und grob gewürfelt und aufgekocht hinzugeben und schon hat man dann einen guten Linseneintopf mit einer anderen Einlage, wie geraucher Bauch oder anderes nach Ihrer Wahl.

Oder zweitens aus den Spätzle, einer eher schwäbischen Nudel lässt sich prima Käsespätzle mit etwas grünem Salat als Beilage herstellen, oder eine Nudel-Gemüse Pfanne mit Geschnetzeltem vom Schwein oder von der Pute, oder auch nur ein Eier-Spätzle Omelett mit etwas gewürfelten gekochten Schinken mit ein wenig Raffinesse zubereiten.

Die Spätzle sind im Süddeutschen Raum sehr verbreitet, ein echter Schwabe verbietet sich diese Mehlspeise als Nudel zu bezeichnen denn mit einer normalen Nudel hat sie auch wenig gemeinsam.

Denn eine Nudel wird ja aus einem wesentlich festeren Teig gefertigt, die Konsistenz der Masse für die Spätzle ist eben kein Knetteig der ausgerollt oder ein Rührteig der fließend behandelt werden könnte, sondern liegt genau in der Mitte, so dass die Spätzle gut von einem Brett geschabt oder durch eine spezielle Presse gedrückt werden kann.

Wie man bei diesen angesprochenen Beispielen schon sehen kann, man kann mit bewusst größeren Portionen sich anschließend, für fast eine Woche, ganz großartige Speisen herrichten, wo einem aber nie der Gedanke käme, dass man ein Resteessen hätte.

Selbst wenn nach einer leckeren Schlachtplatte Sauerkraut übriggeblieben ist, muss dieses nicht fortgeworfen werden, sondern mit den drei süddeutschen Beilagen Spezialitäten Schupfnudeln, Bubenspitzle, Spätzle, oder auch normale Spiralnudeln in der Pfanne leicht angeschmort, wird daraus ein hervorragendes Essen, wenn man dann noch eine grobe Grill oder Bratwurst gebraten hinzufügt.

Wie man hier auch schon sehen kann, ist es auch auffällig das völlig bewusst Reste von überwiegend den maßgeblichen Beilagen verbleiben können.

Es lassen sich also auch aus einem Rest von der einen oder der Anderen Hauptbeilage gleich mehrere Arten der Resteverwertung umsetzen.

Genau so kann man aus einem Rest einer besonders bei Kindern doch sehr beliebten Speise, Spaghetti mit Bolognese Soße auch gleich mindestens zwei leckere Folgeessen in neuer Zusammensetzung herstellen.

Zum Einen aus den vielleicht bewusst oder auch unbewusst zu viel gemachten Spaghetti lässt sich durch Beigabe von gewürfelten gekochten Schinken und dazu dann ein oder zwei aufgeschlagenen Eiern ein wunderbares Omelett zaubern, dazu dann noch etwas grünen Salat, man hat dann ein tolles leckeres Essen.

Zum anderen lässt sich die übrige Bolognese Soße mit einer kleinen Dose Feinen Gemüseerbsen verlängern und mit ein wenig geriebenen Käse, nur zur Bindung und andicken, hervorragend und genussvoll zur Füllung von einem Omelett weiterverwenden.

Wie schon erwähnt man kann auch durch bewusstes Handeln, wie größere Portionen Kochen, schon bewusst für die nächsten Tage vorsorgen.

Fast alle Mehl - oder Kartoffel Hauptbeilagen lassen sich in sehr vielen schmackhaften neuen Versionen mit anderen Beilagen wieder neu auf den Tisch bringen.

Wobei sich hier die Weiterverwendung und Zubereitung des Restes in der Pfanne am besten anbietet und bewerkstelligen lässt, denn eine beschichtete Pfanne lässt sich hervorragend auch zum Schmoren und Garen nutzen.

Mit der Brühe, die beim Erwärmen vom Fleisch und Würsten zur Schlachtplatte entsteht kann man an folgenden Tagen einen hervorragenden Eintopf mit Gemüse oder auch eine Nudelsuppe herstellen, das gleiche bietet sich auch bei dem Abkochsud und der Brühe von Maultaschen an.

Selbst nur das zufügen einer leicht gebräunten oder gedünsteten Zwiebel in Ringen oder groben Würfeln kann aus einem unbeachteten Rest ein vorzügliches Gericht entstehen lassen.

Nicht nur bei solchem Essen, sondern auch bei sehr vielen anderen Speisen sollte man vielleicht sogar bewusst größere Portionen wie schon erwähnt kochen, damit man an den folgenden nächsten Tagen die nötige Basis für ein schmackhaftes Essen hat.

Durch eine solche Handhabung spart man sich ja auch wieder Zeit und nicht nur Geld, weil die Resteküche meistens wesentlich schneller funktioniert und günstiger ist als wenn man jedes Mal ein ganzes Menü erstellen will.

Wobei auch eine gedünstete Zwiebel als neue Beilage eine hervorragende Speiseergänzung sein kann, ebenso ist zu beachten, dass gemeinsames Essen auch bekömmlicher sein kann, scherzhaft kann man auch vermerken, der Single und auch die Zwiebel brauchen eben passende Partner, denn alleine gegessen macht nicht unbedingt Glücklich, eigentlich wenn man Glück hat, nur gerademal satt.

Aber hier ist es auch wichtig sich gleich Gedanken zumachen wann und wie man die Reste weiter verbrauchen möchte, damit man gleich zu Anfang auch die richtige vorübergehende Aufbewahrungsart wählen kann.

Denn einfach nur in den Kühlschrank beiseitestellen, da sammelt sich dann unbedacht sehr schnell einiges an leicht verderblicher Ware an.

Selbst bei dicht verschließenden Aufbewahrungsboxen aus Kunststoff ist die Zeit der Lagerung recht begrenzt und sollte nicht überzogen werden.

Alles was länger als zwei bis drei Tage als Rest aufbewahrt werden soll, oder noch keine direkte Weiterverwendung ansteht, lieber direkt nach dem ersten auskühlen dann gleich im Froster aufbewahren.

Wie man in der kurzen Übersicht sieht gibt es viele Möglichkeiten und Variationen auch mit gänzlich anderen Resten, die man doch einfach wiederbeleben kann und erneut auf den Tisch bringt, man muss nur ein wenig mit dem Kopf dabei sein.

Deshalb hier noch mal die Erwähnung, dass das imaginäre Gespräch mit dem Kühlschrank immer wieder nötig ist, denn man vergisst viel zu schnell, dass da noch ein Rest auf Wiederverwertung wartet.

Auch der normale Vorratsschrank sollte immer wieder in kritischen Augenschein genommen werden, denn auch angebrochene Packungen sollten nicht zu lange dort ihr Dasein fristen.

Was besonders in einem Single Haushalt gerne allzu oft geschieht, dass etwas Aufbewahrtes vergessen wird, oder auch weil man gerade keine Lust und Idee auf etwas aus dem Bestand hat.

Doch eine neue Version mit altbekanntem Material kann auch recht interessant werden, denn es muss ja auch nicht unbedingt immer nach altem Rezept das Gleiche gekocht werden und einfach entsorgen ist erst recht keine Lösung.

In der heutigen modernen Zeit kann man sich eigentlich nur noch wundern, wie gedankenlos und oberflächlich mit dem doch kostbaren Gut unserer Ernährung stellenweise umgegangen wird, wenn eine Mülltonne wie ein Mensch mit sichtlicher Zunahme bei zu viel Speisen reagieren würde, würde sie sehr oft als sehr überernährt und Dick aussehen.

Erst war´ s nur ein Gedanke.

Die Idee zu diesem Brevier trage ich schon lange mit mir herum, denn auch ich bin einige Jahre Arbeitsbedingt alleine kreuz und quer mit unterschiedlich langen Aufenthalten durch die verschiedenen deutschen Lande gezogen und dabei so manche nicht immer gesunde Single Ernährung kennen gelernt, auch habe ich damals dankend gerne hilfreiche Tipps angenommen.

Somit habe ich natürlich auch die so genannten Imbissspeisen in allen möglichen Variationen kennen gelernt, doch ich habe mich nach kurzer Zeit schon viel besser gefühlt als ich mich als blutiger Anfänger an Topf und Pfanne gewagt habe.

Natürlich waren nicht alle meine anfänglichen Kochversuche mit dem gewünschten Erfolg gekrönt, ein oder zweimal habe ich dabei auch mal eine gewaltige Portion Braunkohle fabriziert, bald wurde mir auch klar das eine gewisse kleine Aufmerksamkeit der Herstellung, dem Essen und vor allem dem Einkauf gegenüber absolut von Vorteil ist.

Doch ich habe mich auch von Misserfolgen nicht entmutigen lassen, so mancher Gast und Besucher war dann später doch sehr überrascht was man so alles mit einer recht kleinen Küchenausrüstung, einem normalen Campinggaskocher mit zwei Flammen, zwei kleineren Töpfen und einer Pfanne fertigbringen kann.

41

Eine geraume Zeit später habe ich dann meinen Küchengeräte Bestand um ein sehr wichtiges und vielfach nutzbares Gerät vergrößert, ein Mikrowellen Gerät, aber Eins mit dem ich dann auch Grillen und Überbacken konnte.

Wiederum habe ich in dieser Zeit auch Leute kennen gelernt, die eine doch schon beachtliche Küchenausrüstung eigentlich ihr Eigen genannt haben, diese aber ob Backofen oder Kochplatte praktisch täglich ignorierten, was aber ja auch heute noch sehr oft vorkommen soll.

Tatsächlich kann man ab und zu beobachten, dass das einzige Gerät, das in einer großartigen Küche regelmäßig benutzt wird, die Kaffeemaschine ist und der Rest außer vielleicht der Spülmaschine, der Ausstattung mehr oder weniger nur eine teure Staffage darstellt.

Eine üppige Kücheneinrichtung macht noch lange nicht satt und zufrieden, denn Essen beginnt eigentlich wie schon mehrmals erwähnt schon vor dem Einkauf im Kopf, wenn man sich vorstellt was man und wie mit den eben erstandenen Dingen dann lecker herstellen kann.

Den einen oder anderen konnte ich durch etwas List und Überredung dazu bringen des Öfteren selbst zum Kochlöffel zu greifen, sie waren mir nach einiger Zeit dann sogar dankbar für die indirekte moralische Unterstützung und für einige Tipps meinerseits.

Leider war zu der Zeit noch lange nicht so eine große Auswahl von vorgefertigtem und besonders halbfertigen Lebensmittel auf dem Markt wie heute. Viele Alleinstehende Personen missachten aber regelrecht die Kühltheken im Handel mit den Halbfertig Waren, aber warum, das kann dann keiner so recht erklären.

Da die Auswahl noch vor ein paar Jahren also recht überschaubar war musste man viele Dinge und vor allem die Beilagen noch selbst komplett herrichten oder auch durch Improvisation und Einfallsreichtum das Essen nach seiner Vorstellung gestalten.

Nur wer sich in der Küche auch etwas zu traut, wird das Erlebnis eines mal mehr oder weniger gut gelungenen Kochvorgangs genießen können, auch wenn die Kartoffeln nach den ersten zaghaften Schälversuchen eine merkwürdige eckige Form zeigen, nicht den Mut sinken lassen, das bessert sich mit der Zeit ganz gewiss.

Außerdem hat man zu Beginn seiner Koch- und Küchentätigkeit ja auch noch wenig Erfahrung mit der wichtigen Mengeneinteilung und den Garzeiten, es bleiben auch sehr oft irgendwelche zufälligen Beilagen übrig, weil man sich über diese Möglichkeit noch gar keine voreilenden Gedanken gemacht hat, davor schrecken dann doch auch sehr viele zurück. Doch dieses kann man aber auch bewusst herbeiführen.

Reste in der Senioren- oder Singleküche sind ein ganz heißes Thema, ob nun in der Studentenzeit, als Alleinlebender allgemein oder als Senior, in jedem Alter ist aber eine vernünftige und ausgewogene Ernährung von aller größter Wichtigkeit.

Wie soll ein Kopf richtig funktionieren, wenn der Bauch knurrt oder verstimmt ist. Wenn man aber gedankenlos nur irgendetwas in sich hineingestopft hat, Hauptsache der Magen spannt, hat man logischer Weise auch keine Idee, was man mit einem Rest anfangen und erneut herstellen kann, so landen auch noch unnötiger Weise die Reste von teuren und wichtigen Nahrungsmitteln in der Mülltonne.

Wenn man diese verschmähten Reste eines Monats einmal in der Menge zu ihrem Erstehungspreis umrechnet und setzt, wird man schnell sehen das da gedankenlos doch recht viel Geld fortgeworfen wird.

Wenn man also so ohne Überlegung handelt und auf der anderen Seite für den Schutz der Natur und Tierwelt plädiert und einsteht und dann noch sparen muss oder sollte, dann ist doch im Verhalten gleich zu Mindest an zwei Stellen etwas paradox und verkehrt.

Darum noch einmal den normalen Ablauf in Erinnerung rufen, also erst den Kopf und dann erst den Topf gebrauchen, also etwas vorbereitet zur Tat schreiten.

Ich habe mir immer vor einer Resteverwertung den Geschmack des Restes in mein Gedächtnis gerufen und mir dann vorgestellt wie mir der Rest in einer neuen Umrandung, also mit anderen Beilagen schmecken würde.

Unsere Sinne geben uns doch die Möglichkeit, sich etwas auch geschmacklich recht gut vorzustellen und auch sinnlich auf der Zunge zu schmecken

Dabei ist dann mit der Zeit auch so manche schmackhafte neue leckere Kreation und Variation entstanden, auch etwas Unkonventionelle Versionen haben irgendwann so Einzug in meine Küchenführung mit der Zeit genommen.

Zum Beispiel zwei Reste die wohl kaum Einer auf den ersten Blick für zusammen harmonierend bezeichnet.

Aber wenn man normalen, oder Langkornreis, auch Wildreis und Püree Reste geschickt miteinander verbindet, wie etwas später genauer erklärt wird und ein geeignetes Gemüse oder auch Fleisch Zutat hinzugibt, hat man im Handumdrehen ein sehr schmackhaftes Menü aus fast verachteten Resten erschaffen.

Denn es ist doch wohl unbestritten das man mit ein wenig Bedacht jedes Fleisch oder Gemüse mit den verschiedensten Beilagen kombinieren kann und somit auch anfallende Reste für Außenstehende unbemerkt mit einflechten kann, also mit etwas Hirnschmalz braucht man keinerlei Angst vor einem Rest zuhaben.

Dabei muss das so zusammen gestellte Essen keineswegs als wahllos zusammen gewürfelt erscheinen und man braucht sich mit solchen Kreationen auch nicht verstecken oder sogar schämen.

Ganz im Gegenteil, man sollte schon auch um Küchenzeit zu sparen, bewusst mal mit einem Rest kalkulieren, denn dann hat man in einem Kochvorgang gleich für zwei Speisen eine Basis erstellt.

Hierbei wäre aber zu beachten das man eine gewisse Reihenfolge einhalten sollte, man beginnt am besten erstens mit einem Essen mit sogenannten Soloposten, also Fleisch, Gemüse, Kartoffel oder Nudeln jeweils nach Vorstellung separat herrichten.

Zweitens sollte man dabei bedenken, dass man dann das eine oder das andere später auch mit einander vermischen kann, um dann ganz zum Schluss in der dritten Stufe aus einem nochmaligen verbliebenen Rest vielleicht einen leckeren Eintopf erstellen kann.

Wobei es sehr oft reicht wenn man dann nur noch den Einen oder den Anderen, oder einen neuen Bestandteil hinzufügen muss, um wieder ein komplettes Essen zu haben, was für eine Single Küchenführung ob Jung oder Alt eine ganz wichtige Komponente darstellt und unter Umständen auch recht viel Zeit und Geld ersparen kann.

Also lässt sich mit ein wenig Hirnschmalz und Gedanken investieren auch viel Zeit und Geld sparen und trotzdem gesund und lecker Speisen.

Dabei sollte man natürlich auch einiges beachten, um einen geschmacklich gefälligen Erfolg erzielen zu können, auch wenn man Fett als solches ablehnt, es macht aber so manches Essen besser verdaulich, so wird auch Gemüse mit etwas Fett wesentlich geschmeidiger.

Was dem gesamten Verdauungsapparat natürlich besser bekommt und gewisse Querelen mit ihm schon von vornherein vermeiden lässt.

Auch hier zeigt sich eindeutig ganz ohne den Kopf gebrauchen geht die nötige tägliche Ernährung auch heute in den modernen Zeiten überhaupt nicht.

Genau so kann aber eine wohlgemeinte, aber verkehrte oder unbedachte Zutat doch recht negativ sich im Körper Inneren bemerkbar machen.

Zwei grundsätzliche Fragen!

Zuerst stehen grundsätzlich doch wohl die Fragen im Raum, doch selbst etwas kochen oder doch aus Bequemlichkeit wieder mal was bestellen, oder schnell in einem Imbiss etwas zu sich nehmen?

Der Bestellservice ist schon sehr verlockend. Man braucht vorher nichts einzukaufen, vorbereiten und alles hinterher auch noch abwaschen, weil die meisten Speisen ja in entsprechenden Kartonagen verpackt werden.

Aber mal ehrlich, Speisen aus einem Pappbehälter kann man eigentlich nicht genussreiches Speisen nennen, man nimmt nur etwas zu sich.

So mancher sagt sich aus Bequemlichkeit viel zu oft, egal Hauptsache der Bauch spannt, das ist auf Dauer nicht nur teuer, sondern auch mehr als ungesund, wenn man dann die Angebot Speisekarte vom freundlichen Bringdienst nun doch schon zum X-ten Male rauf und runter ausprobiert hat.

Denn immer wieder auf die Schnelle Pizza oder asiatisches Essen mag man nach einiger Zeit auch nicht mehr so recht, zudem ist das auch ganz schön eintönig und auf Dauer auch nicht besonders gesund.

Auch auf Dauer und zum wiederholten Male das aufwärmen von irgendeinem Fertigessen aus der Dose oder einer Pappschachtel steht einem nun auch nicht gerade immer der Sinn.

Man sollte nun einfach auch mal mutig sein und etwas anderes als ein Dosen oder Fertigessen warm machen oder was bestellen.

Warum denn nicht dann mit ganz einfachen kleinen selbst gemachten Gerichten beginnen, auch wenn man mit der Küche noch etwas auf dem Kriegsfuß steht.

Oder wenn man bislang nur aus Bequemlichkeit einen Bogen um die Küche und ihrer Gerätschaften gemacht hat. Das oberste Gebot lautet aber auch bei kleinen Speisen, man muss sich nur die nötige Zeit dazu einplanen und dann auch einhalten.

Um seinen Kochhorizont vom einfachen Spiegelei oder Bratkartoffeln um einiges zu erweitern braucht man nicht unbedingt eine bombastische Kücheneinrichtung oder Meterweise Kochbücher im Regal.

Man braucht sich eigentlich nur an Mutters Essen erinnern und schon kommt einem das eine oder andere Wunschessen in den Sinn und auch auf die Zunge.

Ja sie haben richtig gelesen, den Geschmack von oder für ein Essen kann man wirklich schon im Voraus, sich Mental auf die Zunge holen.

Denn die Geschmacksnerven und Sensoren können nicht nur den Geschmack von Verzehrtem aufzeigen, sondern auch zum größten Teil aus der Erinnerung wieder wachrufen und auferstehen lassen.

Sie können Einem ja auch tatsächlich umgekehrt den Geschmack auch nach längerer Zeit wieder in Erinnerung bringen, denn so entsteht im Grunde ja auch der Heißhunger auf irgendetwas, dass man vielleicht schon vor längerer Zeit einmal genossen hat.

Tja, der Heißhunger, der unerklärlich urplötzlich anheimfallen kann, ist ein Phänomen, dass man sich dann eigentlich auch nicht so richtig erklären kann, was aber eben vom Kopf und einer eventuell alten Erinnerung ausgelöst wurde.

Denn etwas, was sie noch gar nicht probiert und kennen gelernt haben, auf solche Dinge kann sich auch kein direkter Heißhunger entwickeln und einstellen höchstens eine gewisse Neugierde, da ihre Geschmacksnerven eben nur auf ihnen bekannten Rezeptoren reagieren kann.

Auch hier sind die zwei Grundbedingungen maßgeblich, also erst das eigene Kopfkino in Gang setzen und dann mit der Vorstellung was will ich essen und was brauche ich an Dingen dazu und dann sollte man sich auch noch etwas Zeit zum Einkaufen und herstellen nehmen, das alles zusammen ergibt dann eine recht komplexe und gesunde Ernährung.

Es soll ja auch Leute geben, die sogar das Kaffeewasser anbrennen lassen, wie man im Volksmund sagt, das wiederum liegt meist eigentlich nicht an einem mangelnden Können, sondern mehr an einer gewissen Unlust, Gedankenlosigkeit und Unkonzentriertheit.

Zum Essen zubereiten und verspeisen dazu sollte man sich eben schon einen kleinen Moment, wie schon gesagt die nötige Zeit nehmen.

Sonst erweist man seiner Gesundheit auf Dauer wirklich keinen guten Dienst, besonnenes Essen und Genießen stellt ja schon seit alters her einen Großteil unseres Lebens dar.

Grundsätzlich ist aber, dass man die Zeit für die drei Grundlagen der Ernährung eingeplant und die auch eingehalten werden, dazu muss man aber zuerst auch wieder den Kopf einschalten.

Also erst darüber nachdenken, dann die nötigen Dinge besorgen, danach das erworbene dann herrichten und kochen, erst dann beginnt der wichtigste Bereich, in aller Ruhe das selbst gekochte essen und genießen.

Jeder Bereich braucht ja auch seine Zeit also braucht es von Beginn an eben auch einen geplanten Zeitablauf, denn dann erst verbraucht man auch keine unnötige Zeit.

Es verbietet sich im Eigentlichen, dass der Kopf während der Speiseaufnahme sich mit einer gänzlich anderen Angelegenheit befasst und dass man das Essen dann erst als beendet ansieht wenn man keine Lust mehr dazu verspürt, weil es bei der doch nebenher betriebenen Tätigkeit eventuell dann als auch störend empfunden wird.

Dabei ignoriert man ja den vom Magen ausgesandten Impuls über Hunger und Satt sein, man stopft einfach gedankenlos etwas in sich rein womit der Magen vielleicht auch nur beruhigt wurde, aber man bewusst keine nötigen wichtigen Mineralien zu sich genommen hat.

Wenn man mit etwas Bedacht dann erst mit ganz einfachen Zusammenstellungen beginnt und die Sache dann langsam weiter ausweitet, kann man etwas später dann auch mal einen Kochratgeber als Ideengeber zu Rate ziehen.

Denn gänzlich unbedarft hilft auch das beste Kochbuch nicht weiter, weil der Grundstock einer gewissen Erfahrung in der Küche eben fehlt.

Wenn man dann wirklich den Anfang gemacht hat ist es gar nicht mehr so ein großes Problem. Zuerst wäre aber die Frage zu klären was möchte ich essen, wonach steht mir der Sinn, was ist vorhanden, ist was im Kühlschrank und was sollte man vielleicht noch dazu besorgen.

Beim Einkauf sollte man sich in jedem Fall auch dann schon im Klaren sein, was man aus dem Erstandenen letztendlich machen will und was am besten zusammenpasst, denn nicht alles lässt sich unbedingt miteinander geschmackvoll verbinden.

Hierbei sollte man aber tunlichst dem so genannten Naschhunger nicht nachgeben, denn naschen ist nun mal zur täglichen gesunden Ernährung gänzlich ungeeignet.

Man sollte sich schon auf das Nötige konzentrieren, sonst kann es auch passieren, dass man zu Hause dann fast ratlos mit verschiedenen erstandenen Dingen in der Küche steht und sich dann überraschen lassen muss, was aus diesen Dingen werden kann oder könnte.

Also ist es wichtig, dass man sich darüber klar ist, aus wie viel Zutaten und Bestandteilen ein Essen besteht oder bestehen könnte, dass sollte unbedingt als erstes überdacht werden.

Auch der Einkauf ist ein nicht zu unterschätzender Faktor des Essens, denn dieses kann die Geschmacksnerven im Voraus schon mächtig anregen.

Was nutzen denn geschmacklich nicht aufeinander abgestimmten Einzelteile, wenn man den dazugehörigen Teil nicht bedacht und besorgt hat, wenn man ein Stück Fleisch sich in Gedanken schmackhaft vorstellt, so sollten auch die gedachten Beilagen nicht fehlen.

Also grundsätzlich ist beim Einkauf das Kopfkino ein zu schalten und dann den realistischen persönlichen Möglichkeiten folgen, wenn sie sich intensiv dann das endgültige Ergebnis und den Geschmack vorstellen werden sie so schnell keinen Fehleinkauf tätigen.

Voraussetzung ist aber dabei, dass man sich eben intensive Gedanken schon vor und beim Einkaufen gemacht hat, was passt zusammen und was schmeckt mir. Denn mit der gedanklichen Beschäftigung mit einem Essen vorab erleichtert man sich auch den Einkauf und später dann auch das Herstellen.

In Sachen Essen erfahrene Personen wissen zudem auch eben aus Erfahrung ganz genau, dass man niemals ausgehungert einkaufen gehen soll.

Denn dann erliegt man viel zu schnell den Verlockungen der Werbung, was aber nicht immer nötig und auch nicht gesund ist, denn dann kommt es vor, dass man mit Dingen nach Hause kommt die man eigentlich gar nicht haben und kaufen wollte, aber in der Reklame hörte sich doch alles recht toll und ganz einfach an.

Ohne weiteren Gedankengang, nur von einer Reklame oder gefälligen Verpackung verleitet kann auch bei den Fertigessen so mancher Fehleinkauf geschehen und eine gewisse Enttäuschung über das spätere Zubereitungsergebnis erfolgen, da die fertige Zusammenstellung tatsächlich gar nicht ihrem eigentlichen Wunschdenken und Ihren Vorstellungen entspricht.

54

Hier kann man aber im Bereich der so genannten Halbfertigwaren mittlerweile sich wie in einem Schlaraffenland fühlen. Denn hier wird praktisch alles angeboten, dass sich auch hervorragend in die für Sie gewünschte oder nötige Portionsgröße aufteilen und entnehmen lässt.

Ob man nun Fisch, Fleisch oder auch Veganes bevorzugen würde, selbst bei den Beilagen hat man auch die größten Auswahlmöglichkeiten, in größeren oder auch kleinen Abpackungen, wobei wie schon erwähnt fast alle größeren Packungen sich beim Verbrauch auch unterteilen lassen.

Doch angebrochene Packungen sollten wiederum nicht zulange, schon einmal geöffnet weiterhin im Frost aufbewahrt werden.

Das bedeutet aber auch dass die Durchsicht der vorhandenen Dinge im Kühlschrank und im Froster regelmäßig gemacht wird.

Denn manches Mal reicht nur eine Kleinigkeit um aus einem fast verschmähten schon länger im Kühlschrank weilender Gegenstand, dann zu einem neuen leckeren Essen gemacht werden kann.

Hier sei noch einmal daran erinnert, dass schon beim Beginn des Kopfkinos der Magen sich ja auch schon einstimmen kann und das spätere Essen bekommt einem dann in jedem Falle auch wesentlich besser.

Es ist eindeutig erwiesen, dass der Verdauungsapparat auch erst seine geistige Anregung vorab benötigt, damit er dann problemlos arbeiten kann und nicht erst durch seine Füllung zu seiner eigentlichen Tätigkeit gezwungen wird.

Wenn man sich dieser Zusammenhänge bewusst ist und wird, dann steht einer gedeihlichen Zusammenarbeit mit dem Kopf, den Nahrungsmitteln, dem Topf und der Herdplatte und später dann mit Magen und Darm eigentlich dann nicht mehr viel im Wege.

Natürlich auch nur wenn sie sich die nötige Zeit zum Herstellen und vor allem dann auch später beim Essen nehmen.

Denn auch auf ein gepflegtes Speisen in einem Lokal freut man sich ja auch schon vorher, man macht sich vielleicht schon vorab Gedanken was man gerne zu sich nehmen würde, also arbeitet der Kopf dann auch schon vorher und befasst sich mit dem zu erwartenden Essen.

Stellt sich eigentlich hier doch die dringende Frage warum man sich dieses für zu Hause nur aus Unlust erspart.

Denn das zubereiten von einem bekömmlichen Essen setzt das gedankliche Befassen mit einem Essen voraus und das wiederum auch das Wissen über den Bestand und der Möglichkeiten im Hause.

Zudem ist es doch sehr hilfreich beim Einkauf mit einer gewissen Kenntnis agieren und handeln zu können, wenn man schon bei dem Betreten des Ladens zum größten Teil weiß was in der Küche benötigt wird und was man sich dann besorgen sollte.

Natürlich kann man sich auch durch gewisse Anreize etwas beeinflussen lassen, aber an erster Stelle steht der wirkliche Bedarf für den persönlichen Wunsch und Geschmack und ob auch alles zueinander passt.

In solchen Momenten bemerkt man sogar bewusst das eben ein Wunschgedanke und die reale Wirklichkeit manches Mal sehr weit auseinanderklaffen können.

Denn der Wunschgedanke zu einem Essen kann dann doch schnell die Eigenen und vielleicht auch die technischen Möglichkeiten überfordern.

Fertig oder Halbfertig Ware?

Mit diesen beiden Begriffen werden gewiss nicht ein und dieselben Produkte auf dem Markt angesprochen und angepriesen.

Denn ein Fertiggericht ist in der Zusammenstellung und Würzung komplett, allgemein also auch auf den kompletten Verbrauch produziert worden, was dann eben nur noch erhitzt werden muss.

Doch man muss dann aber auch die Zusammenstellung und den Geschmack der Ware so hinnehmen wie sie einem damit angeboten wird, denn dabei können auch Bestandteile und Gewürze sein, die man nicht mag oder verträgt.

Ein Halbfertig oder auch Frischwaren Produkt ist dagegen in den meisten Fällen nur blanchiert, also geputzt und leicht vorgegart und recht selten auch leicht gewürzt.

Somit hat man dann ein Produkt, mit dem man nach Belieben in den verschiedensten Zubereitungsversionen arbeiten kann und dazu auch noch nur die persönliche gewünschte Menge entnehmen und nach seinem eigenen persönlichen Geschmack würzen kann, was dann auch ein sehr gewichtiger Grund sein kann.

Zuerst muss man sich also klar darüber sein, ob man nun ein komplett fertiges Essen auswählt, das fix und fertig hergestellt und gewürzt ist und nur noch erwärmt werden muss, an dem man aber recht wenig nach seinem persönlichen Geschmack und in der gewünschten Menge ändern kann.

Oder aber man wählt aus der riesengroßen Auswahl aus den so genannten halbfertigen Frischwaren die verschiedenen Artikel um nach eigenem Gusto und Lust eine persönliche Zusammenstellung zumachen.

Bei dieser Wahl hat man dann eben vielmehr Variationsmöglichkeiten nach dem eigenen Geschmack zu handeln und vor allem die Möglichkeit die Mengen der einzelnen Bestandteile selbst zu bestimmen.

Man hat dann fast eine unbegrenzte Auswahl von Beilagen wie Spätzle, Knödel, mal auf Mehl oder auch Kartoffelbasis und anderes mehr.

Es gibt mittlerweile fast alles als Halbfertigprodukte, zudem ist in der Gemüsesortierung auch eine fast unbeschränkte Auswahl möglich, sehr vorteilhaft ist auch das man die Würzung selbst vornimmt und somit eben nach seinem ganz persönlichen Geschmack entsprechend agieren kann.

Als einziges würde ich aber auf Frische und rohe Kartoffeln zugreifen, außer natürlich bei den frittierten Waren.

Bei den Kartoffeln würde ich aus der großen Auswahlpalette die mittelgroße vorwiegend fest kochende und wenn es eben möglich ist auch ohne die ersten deutlichen Keimansätze auswählen.

Denn diese Kartoffel eignet sich vor allem für Küchenneulinge am besten auch für recht unterschiedliche Einsätze, wie Salzkartoffel zu Gemüse, als Pellkartoffel für Kartoffelsalat und so weiter oder auch als rohe Bratkartoffel in dünnen Scheiben oder grob gewürfelt.

Wobei man den ersten Teil der Fertigung als rohe Bratkartoffel zum garen in der Pfanne diese abdecken sollte und eventuell ein klein wenig Flüssigkeit zu gibt, so kann man auch die gewünschte Bräunung ziemlich schnell und genau erreichen.

Der größte Vorteil an allen Halbfertigwaren ist aber, dass sie ja nach ihrer eigenen Vorstellung auch gemischt werden können und man die Menge auch noch selbst bestimmt, man muss nicht gleich den gesamten Packungsinhalt auf einmal zubereiten.

Ebenso lässt sich dazu die fleischliche Zugabe nach eigenem Gusto, also Geschmack und Bedarf hinzufügen und muss nicht wie bei den kompletten Fertigspeisen nehmen was einem darin in Menge und Art angeboten wird.

Man kann also Wurst anstatt Fleisch oder auch umgekehrt zu seinem Essen nehmen und muss sich nicht mit dem begnügen was man im Fertigprodukt hat, oder eben auch wie gewünscht in der gewünschten Menge doch nicht vorfindet.

Genau so kann man Beispielsweise, wenn man Paprika nicht mag oder verträgt diese Produkte mit dieser wahlweisen Zutat einfach weglassen, was bei einem komplett fertigen Essen eben nicht möglich ist.

Einen ganz wichtigen Tipp sollte man unbedingt beherzigen, vor dem Einkaufen stets einen kontrollierenden Blick in die eigenen Kühl und Frostgeräte tun, um bei dem Blick auf eventuelle Restbestände dann auch die dazu passenden Dinge einzukaufen.

Deshalb nachfolgend auch ein kleiner Ratgeber wie man aus den Vorbereiteten und Halbfertiggerichten oder vor allem aber auch aus Resten wirklich ein leckeres Essen mit geringem Aufwand herstellen kann. Der Markt ist Heut zu Tage gerade für Einzel lebende Personen mittlerweile mit einer Vielzahl an halbfertigen Waren bestens bestückt.

Die Frische oder Halbfertigware hat einen großen Vorteil gegenüber den Fertigprodukten, denn man kann dieses einfache Portionieren und nach Wunsch und Bedarf in Menge und Detail auch selbst zusammenstellen.

Die Begriffe Fertigessen und Halbfertigware unterscheiden sich also grundsätzlich darin das eine Bezeichnung Fertigessen schon praktisch ein komplett fertig zusammen gestelltes Menü bedeutet, dass man nur erwärmt, aber eben auch nur in einer schon bestimmten vorgegebenen Menge und auch Würzung angeboten wird.

Was für den einen vielleicht gerade ausreichend ist, aber für einen anderen einfach zu viel ist, weil es eben komplett in einer geschlossenen Verpackung so angeboten wird und daher auch sehr schlecht auf ein persönliches Maß abzustimmen ist.

Daher ist mit Waren aus der Halbfertigen Produktion wesentlich einfacher zu hantieren, weil man dabei jeweils die persönliche Bedarfsmenge und in der gewünschten Zusammenstellung entnehmen kann, also auch viel mehr Variationsmöglichkeiten sich damit bewerkstelligen lassen.

Viele essen unter Umständen zwei oder auch drei Tage immer das gleiche, weil die Mengenbegrenzung auf eine Person oder auf einen Kleinhaushalt noch nicht so richtig funktionieren will.

Doch das ist nun wirklich nicht nötig, wenn man mit etwas Überlegung mit diversen Variationen die entstandenen Reste anders gestaltet.

Bedenken sollte man bei der Mengenbemessung aber stets einen Spruch den Sie ganz bestimmt schon in Kindertagen gehört haben. Die Augen essen immer mit, aber die Augen waren auch damals schon meist größer als der eigentliche Hunger und der Magen.

Die Größenvorstellung der Wunschspeise spielt einem ja in Gedanken schon von klein auf einen Schabernack, vor diesem verkehrten abschätzen ist man auch im Alter mit vielleicht mangelnder Erfahrung nicht unbedingt gefeit.

Dies ist Naturbedingt, denn man entwickelt automatisch eine unbegrenzte Mengenvorstellung gerade bei leckeren und bevorzugten bekömmlichen Speisen und Dingen, weil die Lust auf etwas sich nicht begrenzen lässt, denn je mehr man etwas begehrt und möchte, umso mehr dehnt sich auch in den Gedanken die Menge.

Um eine erste direkte Hilfestellung einer gedanklichen Mengenabgrenzung zu erhalten, sind die Mengenangaben, die sich auf den meisten Verpackungen befinden, sehr hilfreich, bei denen man dann schnell herausfinden kann ob diese Angaben zum persönlichen Bedarf richtig dosiert sind.

Wie gesagt ob die angegebenen Mengen dann ihrem persönlichen Bedarf entsprechen werden sie sehr schnell feststellen und wenn nötig sich eben auch auf ihren persönlichen Mengenbedarf anpassen lassen.

Vor allem begrenzt sich der Verbrauch von Halbfertigem nicht an ein vorgegebenes Rezept, sondern man kann viel eher auf den persönlichen Geschmack und Bedarf eingehen, da stehen alle Möglichkeiten offen, den persönlichen Geschmack zu finden, auszutesten oder zu pflegen.

Wobei auch gelegentliche unvermeidliche Reste stets gut eingebunden werden können, im Gegensatz zu Fertigessen, die sich nicht immer so einfach als Rest mit dem Essen am nächsten Tage verbinden lassen.

Heute braucht also ein Single oder Seniorenhaushalt eigentlich nicht mehr die stellenweise- aufwendigen Vorarbeiten wie Gemüseputzen, Zuschneiden und dergleichen betreiben.

Denn ob Spätzle schaben, Maultaschen machen und diverse weitere solcher Tätigkeiten kann man sich sparen und zudem lassen sich diese Dinge sehr leicht besonders für den kleineren eigenen Verbrauch portionieren, was im stressigen Alltag zum Teil eben noch wichtiger ist.

Man kann mittlerweile ja fast alles vorbereitet, also auch als Halbfertigware und Frischware in den Supermärkten kaufen, die das Essen zubereiten sehr erleichtern können.

Doch das ist wieder auch zum Teil hier und da eventuell eine Preisfrage, hier lohnt es sich auch den Preisvergleich im Auge zu behalten, zudem haben diese Waren aber auch eine etwas längere Lagerfähigkeit als eben ganz frische Waren.

So manche Hausfrau hat selbst mit jahrelanger Küchen Erfahrung ein richtiges Problem damit, denn wenn man viele Jahre für eine große vielköpfige Familie gekocht hat, ist es wirklich nicht leicht, dann nur noch für Zwei oder auch nur für sich allein ein Essen auf den Tisch zu bringen.

Weil ja auch der persönliche Bedarf sich im Laufe der Zeit auch noch verringert, also verändert hat.

Denn es ist schon etwas gänzlich anderes, von dem damaligen pünktlichen zeitlichem Muss des Essen erstellen in größeren Mengen, jetzt auf einmal nur noch ohne festen Zeitrahmen für seinen eigenen Bedarf in der Küche tätig zu werden.

Da fehlt manchmal neben dem früher gewohnten Druck der Zeit auch noch die Idee und Lust, was möchte ich jetzt für mich auf den Teller zaubern, so mancher ist auch einfach zu lustlos, weil die Motivation fehlt sich etwas zum Essen zu kochen.

Deshalb möchte Sie der Autor mit diesen Zeilen dazu auffordern und animieren, wie schon vorab aufgezeigt, sich selbst hin und wieder einmal, vielleicht auch einen etwas exotischen Essenswunsch zu erfüllen.

Vielleicht kommt Ihnen auch etwas in den Sinn das man schon lange Mal kochen oder Essen wollte, aber aus den unterschiedlichsten Gründen immer wieder sein gelassen hat.

Auch ich habe durch einen Todesfall das einsame Essen kennen gelernt, aber das tägliche Speisen und Zubereiten etwas später dann regelrecht zelebriert, auch schon mal allein in mehreren Gängen genossen, aber es eben auch nicht als Frustessen ausufern lassen.

Gerade in einer kleinen Seniorenküche, wo man nur für sich allein wirtschaftet, sollte man den täglichen Essensbedarf im Auge behalten und nicht vernachlässigen.

Gönnen sollte man sich doch den kleinen persönlichen Luxus einer selbst erstellten Mahlzeit nach dem eigenen Geschmack, was nicht unbedingt auch außergewöhnliche Ausgaben nach ziehen muss, sondern eigentlich nur die Überwindung des inneren Schweinehundes bedeutet.

Aber auch in jüngeren Jahren will der Hunger gestillt werden und auch hier ist der Bestellservice eine sehr verlockende Angelegenheit, doch gesünder ist nun mal eine selbst gefertigte Speise, auch wenn man erst einmal ein paar Handgriffe erlernen muss, oder sich mit dem Gedanken der Selbstversorgung erst mal anfreunden muss.

Aller Anfang ist nun mal ob nun alt oder jung schwer, aber nicht unmöglich, man muss es nur wollen, dann gelingt einem auch wesentlich mehr als man zuerst gedacht hat.

In diesem Fall ist es ratsam erst mit einfachen Zubereitungen sich der vielleicht ungewohnten Materie anzunähern, zudem sollte natürlich auch eine kleine Grundausstattung in einer kleinen Küche vorhanden sein, dazu zählt mindestens eine mittelgroße beschichtete Pfanne sowie zwei unterschiedlich große Kochtöpfe.

Bei der Auswahl sollte man aber auch darauf achten welche Betriebsart man hat und benutzen wird, denn auf einer Gaskochstelle benötigt man doch eben andere Gerätschaften als auf einer elektrisch betriebenen Herdplatte.

Auch bei Allroundgegenständen sollte man auf die Gebrauchsanweisungen schauen, denn auch die richtige Gerätschaft entscheidet über ein gelungenes Essen.

Natürlich auch das übliche an Küchenkleinteile, darunter auch einen Schaumlöffel um Knödel, Nudeln und anderes aus dem Sud oder Wasser zu heben, eine mittelgroße Suppen oder Soßenkelle zum Schöpfen von flüssigem und natürlich mindesten zwei gute Messer.

Ein größeres, um Fleisch oder Gemüse zu schneiden und ein normales Mittelgroßes Küchenmesser für die Schälarbeiten bei Kartoffeln, Zwiebeln und dergleichen.

Selbst mit einer solch ganz einfachen Küchenausstattung kann man dann recht leckere Gerichte herstellen, man muss nur darauf achten das alles zu einander passt und sich gebrauchen lässt.

Heute kann man mit etwas Geschick und entsprechendem Gedankengang aus einer halbfertigen Kost ein sehr schmackhaftes Menü herstellen, das sich keineswegs dann hinter einem ganz normalem manchmal in aufwendiger Küchenarbeit erstelltem Essen verstecken braucht.

Man muss also heute gewiss auch nicht mehr eine Konserve mit einem Fertigessen in heißem Wasser warm machen.

Oder ein industriell für jedermanns Geschmack hergestelltes Fertigessen in die Mikrowelle stellen, oder gar Gefriergetrocknetes langwierig dann wieder zu neuem Leben erwecken.

Wenn man einen Teil des Essens als Frischware fertig vorbreitet kauft und die beliebigen Beilagen, oder das Dazu dann selbst herstellt, ist das immer noch wesentlich besser als ein komplett fertiges Essen aus einer Packung.

Den auf Dauer kostspieligen Bringservice einer Pizzeria oder Chinaküche kann man auch dabei vergessen denn immer nur den Pizzaservice oder die schnellen Gerichte aus der Pommesbude sind auf Dauer wirklich nicht gerade befriedigend und keineswegs gesund, zudem auch auf Dauer eine nicht zu unterschätzende Preisfrage.

Zudem ist auch bei einem kompletten Fertigessen wie schon erwähnt die Menge vorgegeben und Sie haben hier nicht die Möglichkeit das Menü ihrem persönlichem Mengenbedarf oder Geschmack anzupassen, zudem kann man einen Rest von einem Fertigessen eben nur sehr schlecht in einer anderen Version weiterverwenden.

Wenn etwas übrig bleibt muss man es eben so wie es ist nochmals auf den Teller bringen oder aber entsorgen, das ist der eigentliche größte Nachteil neben der festgelegten Würzung und der Waren Zusammenstellung.

Es lässt sich also in der Kürze resümieren, Bringservice und Fertigessen könnte man eigentlich abhaken, selbst dabei muss man ja auch den Kopf vorher einsetzen, dann kann ich auch gleich selbst zum Kochlöffel greifen.

Vor allem soll hier ja ein kleiner Anstoß zum selbst machen auch an jene Personen gehen, die bisher sich von Muttern bekochen ließen und noch wenig Einblick in die einfachen Handhabungen in der Küche hatten.

Aber auch für Jene, bei denen sich der Haushalt im Laufe der Jahre mit der Zeit deutlich verkleinert hat, ist es gar nicht so einfach von dem früheren Erstellen von einem Essen für eine mehrköpfige Familie, auf eine Singleverpflegung für sich alleine um zu schalten.

Die Portionen sind dann fast immer zu üppig und groß, so muss man das bewusste Handhaben bei der Herstellung kleinerer Portionen und auch bei der Verwertung von Resten dann auch erst mal richtig üben und lernen.

Aber nicht nur für die Single küche, sondern auch wenn es schnell gehen soll, stellt sich oft die Frage, was mache ich nun aus einem Rest von Gestern, mit etwas Fantasie und Mut lässt sich recht schnell daraus aber viel machen, man muss es nur wollen.

Nach den ausführlichen Hintergrund Erläuterungen nun einige nützliche Tipps und Ratschläge wie man mit immer wieder mal aufkommenden Resten etwas Leckeres herrichten lässt.

Aber an erster Stelle spielt doch die Zeit für eine Zubereitung, ob nun Frisch oder Rest und besonders für das Verspeisen eine Rolle.

Man sollte unbedingt eben auch die nötige Zeit dazu einplanen, denn ohne die nötige Muße und Einstimmung ist selbst das beste Essen nichts wert.

Wobei auch ein bewusst gemachter Rest wie schon erwähnt seinen Sinn haben kann, nur zu lange sollten keine Reste ihr Dasein im Kühlschrank oder Froster fristen.

Denn auch hierbei kann durch unüberlegtes Handel sich zu viel nicht beachtete Reste sich ansammeln.

Aller Anfang ist nicht schwer!

Wie bei allem im Leben gehört auch zum Kochen ein wenig Mut und Entscheidungsfreude und natürlich mit der Zeit dann auch Erfahrung, denn bevor Schmalz in die Pfanne kommt sollte man ein wenig Hirnschmalz vorab gebrauchen und zudem auch die nötige Zeit zum Kochen und Essen einplanen und investieren.

Selbst wenn man eigentlich gar keine direkte Ahnung vom Kochen hat, man kann mit nur ein wenig mehr Aufwand als nur eine Dose mit einem Fertigessen erwärmen, eben etwas mehr als nur eine Dosen oder Packungsinhalt leidlich warm machen und hinunterschlingen.

Es werden auf den Packungen die verschiedenen Möglichkeiten zum Erhitzen von Speisen speziell angesprochen die zum Teil auch schon vorbereitet wurden, doch komplett fertiges Essen ist eben nur der allgemeinen Norm entsprechend hergestellt und entspricht nicht unbedingt dem was sie sich eigentlich als Ihr Wunschessen vorstellen.

Aber von gänzlich fertigen Essen möchte ich hier wirklich abraten, denn sie entbehren eben den persönlichen Geschmack und manches ist auch qualitativ nicht unbedingt immer persönlich befriedigend.

Zudem werden gar nicht selten vom Hersteller auch vermehrt Dinge wie eventuell Fleischstückchen, Paprika und noch verschieden Anderes beigemischt.

Diese Beimischungen dienen, um Menge und Gewicht zu erreichen die man eigentlich in den Mengen in diesem Essen aber nicht unbedingt haben möchte.

Ratsam sind dagegen besonders für Kleinhaushalte eben die teilfertigen, die so genannte Halbfertigware, Produkte die man dann auch nach eigenen Gutdünken oder nach eigenen Vorstellungen und Möglichkeiten zusammen stellen und auch in Menge und Geschmack variieren kann.

Darunter fallen viele Arten von gefrosteten oder frischen Teigwaren und Gemüseproduktionen, auch mit bereits vorgefertigten Kartoffelprodukten wie Rösti, Knödel und Gratins, auch wie schon erwähnt natürlich Spätzle oder Maultaschen in den verschiedenen Variationen als Arbeitssparende Angebote.

So lassen sich mit verhältnismäßig geringem Aufwand sehr gesunde und variable Essen herstellen, selbst mit zeitsparenden Halbfertigwaren gekocht braucht man sich nicht zu verstecken, denn diese Waren sind mittlerweile auf sehr hohem Niveau zu erhalten, so das sogar einige Lokalitäten sich auch dieser vorgefertigten Waren bedienen.

Genau genommen erspart man sich ja dann auch die teilweise mühsamen und zeitraubenden Arbeitsgänge von Nudelteig rühren, Gemüse putzen oder Kartoffel schälen und derartige zum Teil zeitintensiven vorbereitende Arbeiten, was ja auch bei Bewegungseingeschränkten Personen ein sehr wichtiger Gesichtspunkt darstellen kann.

Die stellenweise doch aufwendigen Vorbereitungen und Arbeiten werden von vielen Leuten auch sehr oft als Grund genannt sich nicht mit dem Kochen befassen zu wollen, es erscheint ihnen zu mühselig und die dabei aufzubringende Zeit erscheint ihnen zu kostbar.

Doch da kann besonders das Halbfertigprodukt wie schon mehrfach erwähnt, oft auch als Frischware bezeichnet bei dem Gemüse sehr hilfreich sein, denn auch das gefrostete Gemüse ist meist schon blanchiert, also leicht vorgegart, somit auch ideal geeignet das in kleineren Portionen dann für den jeweiligen Bedarf entnommen werden kann.

Meist auch ungewürzt und daher auch recht schnell nach persönlichem Bedarf zubereitet werden kann, die entsprechenden Angaben zum Garen sind stets auf der Verpackung angegeben und zudem hat man dadurch auch eine wesentlich leichtere Portionierung.

Einer der größten Vorteile bei den Halbfertigwaren ist nun mal, dass man eine angefangene Packung in mehreren Schüben verbrauchen und vor allem auch noch nach eigener Vorstellung miteinander kombinieren und verarbeiten kann.

Es ist also auch nicht erforderlich, gleich den gesamten Packungsinhalt zum garen nehmen zu müssen, aber hier muss man beachten das die Packungsangaben zur Handhabung sich meist auf den gesamten Inhalt einer Packung bezieht.

Zudem sollten angebrochene Packungen auch nicht mehr zu lange im Froster oder Kühlschrank aufbewahrt werden.

Im Gegensatz zum Gemüse aus der Dose hat man bei gefrosteten und halbfertigem Gemüse eben verhältnismäßig frische Waren und sondern auch eine optische Wahrnehmung von der Ware, bei denen man sich das stellenweise doch auch recht zeitraubende Vorbereiten und putzen auch gänzlich erspart, doch sollte man dabei auch bedenken das jede Arbeit die schon geleistet worden ist auch seinen Preis hat.

Besonders zu beachten sind die angegebenen Garzeiten und die Mengenangaben, wenn man sich in etwa daran hält, ist die Zubereitung gar kein Hexenwerk mehr und man kann es dann auch nach eigenem Geschmack nachwürzen und herrichten, ich bevorzuge als Universalgewürz bei Gemüse gerne eine kleine Prise von Brühe oder Bouillonpulver oder auch schon mal etwas Kräuterbutter.

Um sich das ganze Prozedere zu vereinfachen sollte man die Dinge, die man benötigen wird, ob Topf oder Ware vorher schon Durchchecken und eventuell systematisch griffbereit sortieren und bereitstellen.

So erspart man sich auch dann ein doch störendes Suchen während dem Kochvorgang oder ein fehlender Bestandteil lässt sich vielleicht auch noch schnell besorgen oder durch etwas Anderes ersetzen.

Zudem lässt sich dann auch gleich feststellen welches Kochgefäß in Größe und Art passend zu dem Kochvorhaben vorhanden ist. Außerdem kann man dann auch die zum Teil unterschiedlichen Garzeiten besser auf einander abstimmen.

Grundsätzlich sollte ein Kochgefäß nicht zu klein, aber auch nicht zu groß sein, in der Fertigstellung ist es Ideal, wenn dann das Kochgeschirr so um die Hälfte gefüllt ist, so lässt sich der Topfinhalt auch besser umrühren und wenden.

Denn ein zu kleiner Topf übervoll gart auch nicht schneller, zudem spart man dabei auch nicht Energie, auch ein zu großes Gefäß bringt keinen sichtbaren Vorteil, wenn die Kochplatte zudem dann nicht der richtigen Größe entsprechend ist.

Also erleichtert, dass vorherige Bedenken und Zuordnen der Dinge, das Herstellen von einem leckeren Essen beträchtlich.

Außerdem wird man nicht mitten im Kochvorgang feststellen müssen, dass man irgendetwas übersehen oder gar vergessen hat, zudem wird man dann nicht unnötig abgelenkt und es kann dann dadurch auch nichts anbrennen, weil man nach irgendwas suchen muss.

Bei dem bereitstellen der nötigen Utensilien vor dem Kochvorgang der Zutaten und Beilagen und auch Gerätschaften kann man dabei vielleicht auch eine zu Beginn noch gar nicht bedachte andere Version ins Auge fassen.

Weil man noch einen Rest oder eine andere Beilage im Kühlschrank oder im Küchenschrank entdeckt hat.

Spätestens jetzt sollte man sich, wie schon mal erwähnt aber auch den gewünschten Geschmack schon einmal auf die Zunge gedacht haben, sagen sie jetzt nicht, Geschmack denken geht nicht, oh doch sie müssen es nur intensiv genug denken.

Dann stellt ihre Vorstellung und vielleicht auch ihre Erinnerung ihnen eben aus ihrer Erinnerung an Mutters Küche oder wo sie eben dieses Essen, das sie jetzt bereiten wollen, kennen gelernt haben, Ihnen den gewünschten Geschmack zur Verfügung.

Bei der Garzeit sollte man unbedingt darauf achten, dass die Garzeiten als etwaige genormte Angaben zu betrachten sind und die dann aber bei Zusammenfügung der verschiedenen Dinge auf einander abgestimmt werden müssen.

Somit wird vermieden das etwas mit kürzerer Garzeit schon verkocht, bis das andere Kochgut mit der längeren Garzeit fertig gegart ist, wie Sie sehen muss man eben doch ein wenig mit den Gedanken beim aktuellen Geschehen am Kochtopf sein.

Mit etwas Übung gelingt es Ihnen später dann durch den Gabeltest festzustellen ob das Essen schon fertig durchgegart ist, wenn Sie sich dessen aber nicht ganz sicher sind dann muss man eben mit einer kleinen Kostprobe den Grad der Garung feststellen.

Der Autor vermeidet grundsätzlich fertig gewürzte und gefertigte verpackte Produkte zu verwenden, außer bei Würsten da hier der Einsatz und die Variationsmöglichkeiten naturgemäß doch sehr begrenzt sind.

Zudem geht, die persönliche Note und der persönliche Geschmackswunsch verloren oder wird überhaupt nicht getroffen da das Produkt eben nur einer gewissen Norm entsprechen muss, der aber eben nicht unbedingt dem eigenen Wunsch entspricht.

Vor allem sollte man eigentlich keine vakuumierte Fix und fertig gewürzten wohlmöglich auch noch marinierte Frischfleischprodukte nehmen, da diese Waren auch schlechter für eine Person zu portionieren sind.

Wenn man das gleiche Fleisch ohne Gewürze und Marinade sogar manchmal auch noch günstiger erhalten kann, dass dann vielleicht sogar auch noch besser schmeckt, weil man hier dann seinen eigenen Geschmack einbringen kann.

Ein mariniertes Fleisch oder Produkt, besonders ein in Vakuum verpacktes kann im Grunde, vom Schlachtdatum aus gesehen wesentlich älter sein als es Ihnen vielleicht recht wäre.

Denn mit einer Marinade im Vakuum wird das Produkt ja auch sogleich für längere Zeit haltbar gemacht.

Wenn Sie aber unbedingt marinierte Fleischschnitten zum Grillen bevorzugen, dann höchstens direkt frisch vom Metzger, außerdem lässt sich solch eine Marinade doch auch schnell selbst herstellen.

Oder man kann auch auf eine der vorgefertigten, entsprechenden Soßen zurückgreifen und man kann das Fleisch dann nach den eigenen Vorstellungen selbst Portionieren oder Vorbereiten, aber das benötigt wiederum auch etwas mehr Vorbereitungszeit.

Der Arbeitsaufwand ist geringer als man sich das vielleicht im Moment denken mag, zudem kann man die Marinaden Menge auch etwas üppiger ausfallen lassen, man hat dann gleich für das Grillen an einem der nächsten Tage schon vorgesorgt.

Wenn Sie selbst marinieren wollen dann sollten Sie das aber eben mindestens zwei Stunden, am besten sogar einen Tag vorher tun, doch ich rate im Allgemeinen davon ab, ich bevorzuge das Grillgut ohne Gewürz aber nach dem abtrocknen mit einem Tuch mit ganz schwachem Ölfilm versehen zugrillen und dann danach erst zu würzen.

Bei spontanem Grillen würde ich sowieso auf marinieren verzichten da das Grillgut ja auch etwas Zeit benötigen würde, um das Gewürz anzunehmen und nicht mariniertes kann ja auch nachgewürzt sehr schmackhaft sein.

Was ja auch von den meisten Grillmeistern immer empfohlen wird. Ich würde das Grillen auch so handhaben wie die Könner es ja auch machen das Grillgut erst nach dem Grillen nach eigenem Gusto würzen und dann, wenn man will eine Grillsoße nach dem eigenen Geschmack hinzunehmen

Natürlich sollten man die Lebensmittel immer kühl und gut verschlossen aufbewahren, wie alles andere auch was zum Verzehr vorgesehen und geeignet ist.

Wie man sieht, jede Art von Ernährung bedarf auch der vorherigen kleinen Planung, denn kopflos einfach nur so drauf los hantieren bedeutet das ein Problem sich fast schon automatisch einstellen wird, weil man sich nicht genug mit den nötigen Vorgängen im Voraus beschäftigt hat.

So eine gedankenlose Handhabung birgt unendlich viele auch unangenehme Überraschungen, die wirklich nicht nötig sind, da kann so mancher ein Lied von singen, wenn ganz spontan aus dem Stehgreif heraus vielleicht ein schöngedachter Grillabend abgehalten werden soll.

Für sehr viele sind Nudeln eben nur Nudeln, doch hier spielt es schon eine gewichtige Rolle ob diese gänzlich aus Hartweizen Gries, oder nur anteilig hergestellt sind, das macht sich nicht nur im Geschmack sondern auch beim Kochen dann deutlich bemerkbar.

Besondere Vorsicht ist daher eigentlich beim Einkauf geboten. Denn wenn ich ein Halbfertigprodukt ohne den nötigen weiteren Gedankengang an das was dazu passt und mir schmecken würde einkaufe, wird das dann bei der Umsetzung in der Küche regelrecht in einer Sackgasse enden.

Denn entweder passt, dass was man gerade zur Hand hat nicht zusammen oder es fehlt auch etwas wichtiges, also wird es nur ein nicht befriedigender Kompromiss aus einem eigentlich schön und lecker gedachten Essen werden.

Grundsätzlich sollte man sich beim Einkauf immer das ganze Gebilde des Essens mit allen Beilagen vorstellen, also auch den gewünschten Geschmack, den man sich doch recht plastisch vorstellen kann und vielleicht auch ein wenig auf der Zunge verspüren kann.

Lassen Sie sich also nicht von einem, im Moment ansprechenden Werbeslogan oder von einem Artikel locken und der dazugehörige Rest wird aber dann vergessen, aber auf den kommt es im Endeffekt eigentlich doch an, denn das leckerste Grillgut braucht auch etwas an Beilage um seinen ganzen Geschmack zu entfalten.

Denn auch eine Nudel allein bringt noch lange keinen Genuss, genau so wenig wie die Vorstellung von einem Stück von einem Braten, erst das miteinander mit den Beilagen macht die ganze Sache doch so richtig schmackhaft.

Denn auch beim Döner Imbiss wählen Sie ja auch aus wie, mit welchen Zutaten Sie dieses Non Food sich dann doch am liebsten reichen lassen.

Wie Sie aus diesen Zeilen ersehen können es wird aber auch aus einem schönen Gedankengang noch lange kein schmackhafter, wenn man den Gedanken nicht komplett durchgedacht hat.

Also selbst wenn Sie einen Schnellimbiss aufsuchen, um das Auswählen kommen Sie hier ja auch nicht herum, sich Vorzustellen wie Sie ihre Bestellung haben möchten.

Hier soll noch einmal daran erinnert werden, dass das Essen, als solches eigentlich zuerst im Kopf beginnt und hier dann auch erst der von der Natur vorgegebene Prozess der gesunden schmackhaften Ernährung in Gang gesetzt wird.

Erst das Zusammenspiel von Kopf und Magen lässt uns das Essen besser bekommen und kann genau genommen auch so manche Magenverstimmung vermeiden.

Somit ist es immer ratsam, selbst auch bei sogenannten Kleinigkeiten, ob Naschen oder Vesper, man sollte beim und zum Essen das Gehirn vorher in dieser Richtung benutzen, dadurch wird eben auch ein kleiner Snack zu einem gesunden Essen und nicht eine unbedachte Handlung.

Auch kann man es gar nicht oft genug erwähnen, Ihre Arbeit erfordert ja auch ihre volle Konzentration, also Ihren Kopf, nur so nebenbei und so halb wird dann ja auch nicht unbedingt alles gut.

Denn ein Chef wird bestimmt nicht davon erbaut sein, wenn Sie mit ihren Gedanken offensichtlich irgendwo anders sind als bei Ihrer zu erledigenden Arbeit.

Genau so ergeht es ihrem Magen, wenn Sie ihn nur so nebenbei füllen und nicht vorher auf das, vielleicht auch nur kleine Essen gedanklich entsprechend vorbereiten.

Um nochmal darauf hinzuweisen, Essen setzt sich nun mal im Prinzip durch mehrere Bereiche zusammen, zuerst meldet der Magen den Bedarf auf Nahrung an, dann schließt sich die Beschaffung oder die Sichtung des Bestandes an, danach dann das herrichten und kochen und zu Guter Letzt kommt dann erst das genussvolle Verspeisen.

Um es ihnen auch einmal bildlich vor Augen zu führen, würde dann so aussehen, man verbindet ihnen plötzlich die Augen und im gleichen Augenblick stopft man ihnen etwas zu Essen in den Mund, was sie nicht gesehen und gerochen haben würden Sie das dann auch nur mit Wiederwillen hinunterschlucken.

Genau so ergeht es auch ihrem Magen, wenn er nicht mental vorbereitet ist.

Planung auch in der Küche?

Planen heißt sich ein wenig Gedanken zu machen über das wie, wann und warum, dieses beginnt schon beim Einkauf, der passenden Zusammenstellung, oder bei der Terminierung, oder auch bei der Lagerung.

Es ist ratsam, wie schon mehrfach erwähnt sich im so genannten Kopfkino die Waren und deren Geschmack vorzustellen, wie man sagt den geistigen Geschmack spüren.

Hier ist aber auch besonders darauf zu achten der Lagerraum, sprich Kühlschrank oder der Froster sollte nicht bis zum äußersten vollgepackt werden, keineswegs über eine längere Zeitspanne, die angegebenen Lagerungsvorgaben sollte man unbedingt dabei beachten.

Ideal ist eigentlich eine zweidrittel Füllung der Geräte, so kann die kühlende Luft im Kühlschrank und Froster fast ungehindert alle Bereiche des Kühlgerätes und die darin befindliche Ware auch erreichen und die Waren rundum gleichmäßig kühlen und erreichen.

Den wenigsten Leuten ist bewusst dass ein zu voller Kühlschrank nur einen Bruchteil seiner Kühlfähigkeiten auch an ihre eingelagerten Dinge darin ausüben kann, weil die nötige Umwälzung der kalten Luft, die überwiegend an der hinteren Innenwand entlang streift nicht mehr richtig ungestört gegeben ist.

Insbesondere sollte keine Ware die hintere Wand im Gerät berühren, da hier allgemein der Kältestrom im Schrankgerät sonst stark behindert wird, bei Truhen sollte man beachten von wo der Kältestrom sich verteilt, diesen Bereich eben nicht mit Waren verstellen.

Lebensmittel sollten also auch selbst in gefrosteter Form nicht übermäßig lange aufbewahrt werden, hier solle man das eingefrorene Gut auch stets mit dem Datum und Angaben zur Füllung der Einlagerung versehen, denn gefrostet ist kaum noch erkennbar ob es sich um Schwein, Kalb oder anderes Fleisch in der Verpackung handelt.

Zudem den Bestand regelmäßig überprüfen, also immer erst in den Froster oder Kühlschrank schauen, um dabei festzustellen was noch vorhanden ist und was auch bald benötigt wird, dem entsprechend stellen Sie dann ihre Einkaufsliste auf.

Auch in Ihrem Kühlschrank sollten Sie auf die Lagerfähigkeit und Dauer achten, zudem sollten Sie unbedingt nur schon auf Zimmertemperatur abgekühlte Reste in fest verschlossenen Gefäßen aufbewahren.

Der Autor hat sich zur Gewohnheit gemacht auch ein kleines Zwiegespräch mit seinem Kühlschrank oder dem Froster zu halten, soll heißen den Inhalt der Geräte kurz inspizieren und dabei besonders die Ablaufzeiten der gelagerten Ware beachten, wobei auch schon mal die Eine oder die andere Idee zum Kochen gekommen ist.

Dann erst das dazu nötige und dazu gehörige Beiwerk notieren und besorgen, um dann ein gutes und auch mal schnelles Menü zu erstellen.

Viele Einkäufe werden aber von sehr vielen Leuten spontan mitgenommen und man deponiert es dann erst mal im Kühlschrank, dort bleiben sie Gelegentlich dann länger als gut ist, auch weil man vielleicht nicht an gewisse Zutaten oder Beilagen im Kaufmoment gedacht hat.

Deshalb der Tipp, wenn man etwas zum Essen kauft, grundsätzlich beachten, es ist besonders wichtig das man nicht mit einem ausgehungerten Magen oder Gedankenlos einkaufen geht.

Sie nehmen nachgewiesen mehr, als Sie eigentlich wollen und brauchen, zweitens überlegen Sie auch gleich wann und vor allem wie Sie das eben erstandene denn gerne auf dem Tisch hätten.

Wenn Sie zum Beispiel im Laden ein fertig paniertes Schnitzel sehen und Ihnen dann der Sinn danach steht dann sollte man einen Moment nachdenken womit man dieses am liebsten auf dem Teller hätten, es gibt unzählige Möglichkeiten außer den obligatorischen Pommes.

Zugegeben ein Fertigessen erspart diese Gedanken zum größten Teil, aber wie es im Leben so ist, auch ein wenig Vorfreude gehört doch immer dazu.

Die Vorfreude macht dann später auch ein Essen, eben auch ein ganz Einfaches zum Genuss und ist in jedem Falle gesünder als ein nur aufgewärmtes irgendwie gedankenlos in sich rein gestopftes Essen.

Zudem ist das wesentlich gesünder als wenn man nur gedankenlos seinen Magen mit irgendetwas füllt, denn bei den vorbereitenden Gedanken arbeitet ihr Magen ja schon maßgeblich ein wenig mit.

Er lässt Ihnen wie der Volksmund sagt unter Umständen schon vorab das Wasser im Mund zusammenlaufen und sie schlucken schon das ein oder andere Mal, trotz leerem Mund.

Diese automatisch entstehende Mund und auch die Magenflüssigkeit lässt die Verdauung dann für etwas später sich schon einmal warmlaufen und gibt dann eine beachtliche Hilfestellung dann beim Verzehren und besonders beim Späteren verdauen.

Ich habe mir zur Gewohnheit gemacht, mir das Essen stets komplett vor dem geistigen Auge vorzustellen oder mich dabei dann auch zu verschiedenen Variationen der Fertigstellung inspirieren zu lassen.

Von größter Dringlichkeit und vor allem auch wichtig ist, dass es wesentlich gesünder ist, dass man sich auch ein wenig Zeit zum Essen nimmt, denn jedes, selbst unwichtiges Ding auf der Welt braucht und benötigt seine Zeit.

Eine Viertelstunde sich auf das Essen konzentrieren kann vielleicht stundenlange unangenehme Magenbeschwerden ersparen. Essen ist nun mal eine sinnliche Angelegenheit und bedarf somit auch die volle Aufmerksamkeit der Sinne, des Kopfes und ihrem Magen.

Denn diese doch recht knapp bemessene Zeit sollte einem wichtiger sein, als alles was die Elektronik und das Handy anbieten kann, denn um den später vielleicht verstimmten Magen kümmert sich auch keiner der im Moment anscheinend so wichtigen und interessanten Anbietern und Programmen, damit müssen Sie sich dann alleine abplagen.

Es gibt Zeitgenossen die mehr Aufmerksamkeit dem Computer oder irgendwelchen Unterlagen zur gleichen Zeit als ihrem Essen zu kommen lassen.

Doch man sollte sich darüber im Klaren sein, dass eigentlich jeder Vorgang ihre ungeteilte Aufmerksamkeit erfordert, halten Sie sich einfach vor Augen jedes Ding braucht seine eigene Zeit und somit auch ihre Ernährung.

Denn die tägliche Arbeit braucht ja auch die volle Aufmerksamkeit von Ihnen, sonst wird auch hier nichts rechtes daraus und der Vorgesetzte wird bestimmt nicht mit Ihnen zufrieden sein, man sollte ja auch nicht mal eben so ganz nebenbei seiner Tätigkeit nachgehen.

Genau so braucht der Magen das gleiche Recht damit man sich richtig und gesund ernährt, ein weiterer alter Spruch besagt, dass ein leerer Magen nicht gut ist um etwas gescheites zu Wege zubringen, so sieht es aber auch aus wenn man sich nicht auf das Essen konzentriert.

Ein recht alter Spruch und Erkenntnis sagt es eigentlich schon überdeutlich, wer schlampig und unkonzentriert beim Essen ist, der ist es auch bei der Arbeit.

Man sollte wenigstens für einen kurzen Moment die ungesunde Arbeitsteilung zwischen dem körperlichen Arbeiten, und mit dem Kopf und dem Magen unterbrechen, was ihrer Gesundheit gewiss gut tun wird.

Es ist ja auch unbestritten schön, wenn man sich an den gedeckten Tisch setzen kann und das Essen fertig ist, aber wenn man bei den Vorbereitungen mitgeholfen oder sogar selbst erstellt hat schmeckt es irgendwie doch ganz anders oder sogar noch besser.

Eben weil man sich mit dem Essen schon vorab auseinandergesetzt hat, so spielen unzweifelhaft der Kopf und der Magen schon vorher zusammen und die Erwartung des Kochergebnisses verstärkt dann dieses Zusammenspiel nicht unerheblich.

Denn in der Vorbereitungszeit produziert ihr Magen für jeden schon unbemerkt entsprechende Säfte, die für die Verdauung von größter Wichtigkeit sind.

Lassen Sie sich nicht entmutigen auch wenn das anfänglich eigene Kochergebnis noch nicht ganz den eigenen Wünschen und Vorstellungen entspricht, denn auch hier, besonders auch beim Kochen heißt es Übung macht den Meister.

Man sollte hin und wieder selbst auch etwas gewagte Zusammenstellungen und Geschmacksrichtungen auch einfach mal mutig angehen.

Aber besonders wichtig ist es dabei auch, mit dem Würzen sollte man etwas vorsichtig sein besonders wenn man mit Fertigwaren arbeitet, fertig heißt eben fertig, also auch schon gewürzt.

Da besonders bei schon komplett vorbereiteten Essen meist ja eben auch schon eine Würzung stattgefunden hat, denn die Hersteller bezwecken damit auch eine gewisse längere Haltbarkeit der Ware.

Darum erst ziemlich zum Schluss des Zubereitung Vorganges probieren, vielleicht etwas nachwürzen und dann nochmals abschmecken, so kann man sich an den idealen Geschmack heranarbeiten.

Warum viele Single sich überwiegend mit Fast Food oder Fertiggerichten ernähren, mag zum Teil auch daran liegen, dass die meisten der Meinung sind, dass das kochen in so kleinen Mengen besonders bei den Beilagen sich nicht lohnen würde und zu aufwendig in der Zeit ist.

Doch wenn man vorher ein wenig überlegt, lässt sich hier sehr leicht eine Lösung finden in dem man vorab die Portionierung etwas größer ausfallen lässt und eben bewusst mit Resten kalkuliert.

Denn die Beilagen, die davon am meisten betroffen sind, kann man ein paar Tage danach in einer anderen Version und mit anderen Zutaten noch mal als leckeres Gericht auf den Teller zaubern.

Denn Reste von Nudeln, gekochten Kartoffeln, Reis selbst Püree und auch Knödel sowie Gemüse lassen sich mit anderen Beigaben bestens als neues schmackhaftes Essen erneut herrichten, ohne das es Jemand direkt bemerkt das man genau genommen einen Rest als Bestandteil auftischt.

Selbst aus eigentlich unbeachteten Resten und Beilagen entsteht mit etwas Köpfchen ein großartiges Menü, wenn man eben seinen Kopf hier bewusst einsetzt und überlegt was würde dazu passen und was ist eventuell sogar im Hause, oder was würde mir jetzt am besten damit schmecken.

Es gibt auch Zeitgenossen denen beim Thema Essen fast alles egal ist, Hauptsache nach dem Essen spannt der Ranzen, doch die Quittung auf so gleichgültiges Verhalten seinem Organismus gegenüber lässt mit diversen Problemen gewiss nicht lange auf sich warten.

In ganz alten Zeiten, wie zum Beispiel das Mittelalter hatten die Leute noch nicht die Qual der Wahl, da früher ja fast ausschließlich Schöpfgerichte auf den Tisch kamen und eine Üppigkeit in Auswahl und Menge nicht in jedem Haushalt vorkam.

Daher kommt eigentlich auch die allbekannte Überlieferung, das Fleisch, wenn überhaupt nur an Sonntagen auf den Tisch kam, denn diese Speisebeigabe war noch lange nicht so üppig und überall präsent wie das heute fast selbstverständlich ist.

Einzeln erstellte Essen wie Geschmortes, Braten oder Federvieh war nur den gehobenen Haushalten und den Herrschaften vorbehalten, derweil dort ja auch meistens eine Köchin das Regiment in der Küche führte.

Gänzlich im Gegensatz zu heute, wo fast jeder sich mit allem eindecken kann wonach ihm gelüstet, hier spielten früher dann doch mehr die Preisfrage auch die maßgebliche Rolle.

Apropos Köchin in den damaligen Zeiten, das war wirklich kein Zuckerschlecken, die Küchenchefin musste bei einem solchen gehobenen Haushalt mit zum Teil weit über zehn Personen rechnen und praktisch in zwei Schichten kochen, denn dass was für die Herrschaften gedacht war bekamen die Angestellten, das Gesinde ganz gewiss nicht.

Aber um in der Mittagszeit für alle eine Mahlzeit auftischen zu können musste am Herd schon ein beachtlich strenges Regiment geführt werden, denn der überwiegend meist holzbefeuerte Herd hatte ja auch nur sehr begrenzte Kochflächen zur Verfügung.

Über diese doch recht anstrengende Arbeit der damaligen Küchenführung und den dort agierenden Personen gibt die Literatur eine Unmenge an unterhaltsamen Überlieferungen und Geschichten, die aber im Hintergrund schon eindeutig auch zeigten, diesen Job konnte kaum einer auf recht lange Zeit versehen.

Die damalige Küchenführung war kein Job für so mal eben nebenbei zu erledigen man musste schon ganz kräftig zulangen können. Man musste alle seine Sinne beisammenhalten, um etwas Nahrhaftes und auch Schmackhaftes auf die Teller der meist recht hungrigen Tischgäste zu bringen.

Es war in einer großen Herrschaftlichen Küche genauso wichtig wie auch in einem schon wesentlich kleineren normalen bürgerlichen Haushalt, was aber auch schon eine Mehrköpfige Familie sein konnte.

Vieles musste ja auch erst für den Gebrauch mit den damals zum Teil noch recht einfachen Gerätschaften, zudem auch noch zeitnah hergerichtet werden.

Die heute fast selbstverständlichen handelsüblichen Hilfsmittel und Geräte waren damals noch gar nicht erdacht, so kommt man heute aber auch zwingend zu der Frage warum die Leute heute sich so wenig für Ihre gesunde Ernährung interessieren, weil es doch heute viel einfacher ist als noch vor einigen Jahren.

Viele versuchen heute auch den dadurch entstehenden Mangel durch Nahrungsersatzmittel ausgleichen zu können. Damit tut sich aber Keiner einen großen Gefallen, sondern er täuscht sich selbst über einen bestehenden Bedarf hinweg und ist zum Teil sogar der Meinung er leiste seinem Körper einen guten und gesunden Dienst.

Aber es ist absolut unbestritten, dass eine noch so hoch gepriesene und teure Vitaminpille kein gesundes Essen ersetzen kann. Denn mit so einer Tablette kann Ihr Magen und Darm nur recht wenig anfangen, denn die wird bis zur völligen Auflösung nur weitergeleitet und ihre Verdauungsorgane werden dabei nur getäuscht und erhalten keinen Tätigkeitsbefehl, der aber fast schon lebenswichtig ist.

Die Bezeichnung, Nahrungsergänzungsmittel sagt es ja schon sehr deutlich das diese Mittel eben nur zur Ergänzung dienen sollen, ob sie es auch können ist eine andere Frage. Ob dieser gewünschte Effekt auch allein ohne normales Essen erreicht wird ist aber recht zweifelhaft, denn es ersetzt in keiner Weise eine normale gesunde und durchdachte Ernährung

Wie man sieht, Ernährung ist wirklich schon eine recht komplexe Angelegenheit, die sich nicht nur mal schnell so ganz nebenbei erledigen lässt und auch nicht sollte, die eigene Gesundheit sollte schon mehr wert sein als nur ein flüchtiger Gedanke.

Dass man mit durchdachtem selbst kochen Zeit und auch Geld sparen kann, liegt nach dem was bisher erklärt und beschrieben wurde eindeutig auf der Hand, denn richtig den Kopf genutzt kann bei einem Gedankengang mehr als zwei Menüs schon im Kopf entstehen.

Die Mengen kann man dann eben etwas üppiger ausfallen lassen, erspart beim nächsten Kochvorgang schon eine komplette Vorbereitung einer wichtigen Beilage oder einer Grundsubstanz.

Auch eine fast kleine Nebensächlichkeit hat aber auch einen verblüffenden Effekt auf unser Wohlbefinden beim Essen, das ist die vorbereitende Tischgestaltung.

Denn ein liebloses Löffeln, aus einer Schachtel, vielleicht sogar gleich aus dem Topf, ist lange nicht so bekömmlich wie an einem, auch für nur eine Person oder für sich selbst gedeckten Tisch von einem Teller zu speisen.

Welche Reste passen zusammen?

Eigentlich alle, denn jeder einzelne Rest bietet sich an etwas Leckeres auf das Neue daraus zu machen, wenn man sich Gedanken macht, wie das Neue daraus mit anderen Beilagen schmecken soll.

Betrachtet man einen vorhandenen Rest als Basis für das nächste Essen, wie zum Beispiel bei einem Braten dort werden ja auch die Beilagen in den verschiedenen Versionen passend dazu komponiert.

Dabei ist nur zu bedenken ein Braten bleibt ein Braten, wahrscheinlich auch mit Soße, hier kann man dann aber mit verschiedenen anderen Beilagen wie Tage zuvor agieren, hatte man vorher Kartoffel und Gemüse als Beilage, so nimmt man jetzt Teigwaren und Salat.

Es gibt genau genommen keinen Grund Lebensmittel fortzuwerfen, es sei denn, dass es wirklich verdorben ist. Da muss man sich dann aber fragen wieso ist etwas Verdorbenes in meinem Kühlschrank oder meiner Lagerstätte, die Antwort liegt ja fast schon auf der Hand.

Man hat den Bestand einfach nicht im Auge gehabt und die Lebensmittel schlicht überlagert oder vergessen, oder die Unlust war mal wieder übermächtig, aber auch nur ein abgelaufenes Verfalldatum ist noch lange nicht ein Grund zum sofortigen wegwerfen.

Ein angegebenes *Mindest Haltbarkeit Datum* bedeutet nicht, dass ein Produkt nach Ablauf dieser Zeit verdorben ist, sondern nur, dass die Herstellerfirma bis dahin für das Produkt Verantwortung getragen hat.

M H D heißt also nicht unbedingt das die Lebensmittel mit dem angegebenen Datum dann schlecht sind, sondern damit endet das garantierte Mindest Haltbarkeitsdatum und die Garantie des Herstellers.

Also ist das nicht eine Bewertung ob etwas schlecht oder noch gut ist, sondern nur die vom Gesetzgeber vorgeschriebene Warengarantie unter den maßgeblichen vorgegebenen Lager und Handelsbedingungen.

Bei bekannt empfindlichen und frischen Lebensmittel ist aber stets auch eine erhöhte Vorsicht oder Kontrolle angesagt, denn bei den diversen Belastungen und Arbeitsgängen vom Hersteller bis zum Verbraucher kann eine Verpackung schnell mal eine Minimale kleine Beschädigung erhalten.

Wie wohl jeder weiß ist Sauerstoff und Kohlensäure ein sehr wichtiger Bestandteil in unserem Leben, aber an frischer Lagerware sind diese Stoffe eben fehl am Platze denn der Zersetzungsprozess wird durch jene Stoffe beschleunigt, und wird daher in der Verpackungstechnik durch entsprechende andere Gase ersetzt.

Selbst ein sehr kleines Loch kann die Ware daher leichter verderben lassen, da der überwiegende Teil der Waren mit konservierenden Gasen behandelt und abgefüllt wurden und durch das entweichen der Gase dann der vermeintliche Haltbarkeitsgrad gründlich sich negativ verändert.

Deshalb sollten man solche Waren genau darauf prüfen, ob die Verpackung unverletzt ist, das lässt sich recht einfach feststellen in dem man leicht auf die Hülle der Verpackung drückt, wenn sie gleich nachgibt oder aber lockere Wellen zeigen, dann ist das innere Druckverhältnis der Verpackung nicht mehr richtig gegeben und die Gase sind wahrscheinlich schon entwichen.

Oder bei der optischen Prüfung kann man eventuell feststellen die Ware hat ihre natürliche Farbe, somit den Geruch oder die Konsistenz verloren.

Auch beim Einlagern von Resten sollte nicht zu viel freier Raum, sprich Luft im Behältnis sein, eben wegen dem gleichen eben beschriebenen Effekt.

Sollte in ihrem Kühlschrank nun ein Rest vorhanden sein, der zu einem weiteren Mahl nicht reichen würde, dann schaut man sich einfach nach einem passenden schmackhaften Partner zu diesem Rest um.

Eine solche Symbiose der Lebensmittel muss nicht unbedingt nur in einer Pfanne landen, sondern auch in einem Topf kann aus Resten ein sehr schönes Essen entstehen.

Mit einem Spätzle oder Kartoffelrest lässt sich verhältnismäßig einfach ein Gaisburger Marsch oder Pichelsteiner Topf machen, man muss nur die nötigen Zutaten zusammenfügen.

Dazu benötigt man dann gar nicht mehr viel, denn zu den Resten braucht man nur ein Stück Siedfleisch vom Rind und ein oder zwei Gemüsezwiebeln noch dazu, beim Pichelsteiner dann noch etwas Weißkohl.

Hier eröffnet sich schon wieder eine zusätzliche Möglichkeit, den Kohlkopf bei einem nächsten Essen gänzlich zu verarbeiten, in dem man die größeren Blätter ab der zweiten Schicht vorher zurückbehält und nur wenige Tage später dann daraus Kohlrouladen mit Salzkartoffeln herstellt.

Es lohnt sich wirklich beim Essen zubereiten, besonders bei recht aufwendigen Dingen, sich von Anfang an gleich auf eine Zweite oder sogar Dritte Version einzustellen und entsprechend zu handeln.

Wie Sie hier einfach sehen können, kann man mit etwas weiterreichender Küchen und Einkaufplanung und auch etwas Überlegung einige gesunde und leckere Speisen indirekt miteinander verbinden.

Wie ein Zahnräderwerk, das eine ergibt sogleich das Nächste mit gleichen Grundzutaten, ohne dass man zwei oder sogar dreimal das gleiche auf gleiche Weise auf seinen Tisch bringen würde.

Aber hier sollte man doch auch die eine oder andere Unterscheidung machen, denn nicht alles lässt sich geschmacklich zusammenfügen, was man ja schon mit wenigen Ausnahmen bei Süß oder Sauer eindeutig weiß.

Deswegen ist es unerlässlich sich über das Was mit was und wie, sich ein wenig Gedanken vorher zu machen, es ist eben so, dass gesundes, geschmackvolles und vernünftiges Essen immer zuerst im eigenen Kopf angefangen und beginnen soll.

Besonders interessant wird dies bei kleiner Küchenführung, wie bei einer Single oder Senioren Küche, denn der Essensbedarf unterliegt auch hier deutlich einer gewissen Schwankung denn man hat ja nicht immer den gleichen Hunger und kein Weiterer sitzt mit am Tisch, der sich sonst dann über einen verbleibenden Rest erbarmt.

Denn auch beim Einkaufen kleiner Portionen liegt eine gewisse Schwierigkeit, denn der Kauf kleiner Wareneinheiten ist nicht immer preisgünstig und empfehlenswert, aber durch das bewusste miteinander verbinden der verschiedenen Speisen ergeben sich gänzlich andere Perspektiven im Bedarf und Verbrauch.

Genau so kann man aber schon von Vornherein mit einer größeren Einkaufsportion kalkulieren, was bei den halbfertigen Produkten überhaupt kein Problem darstellen muss, indem man den Einkauf gesamt etwas vorbereitet tätigt.

Das frische Gemüse nach dem putzen und kurzen Blanchieren in gewünschte Portionen aufteilt und einfriert, so hat man dann Gemüse auch mehrere male zum fertig stellen griffbereit, wenn man sich mit den Halbfertigwaren noch nicht so recht anfreunden kann.

Diese zum Teil Zeit aufwendigen arbeiten kann man sich aber auch wirklich ersparen, in dem man auf die zahlreichen Halbfertigen Waren wie schon erwähnt speziell bei den verschiedenen Gemüse Beilagen zurückgreift.

Ebenso gibt es auch eine große Auswahl von halbfertigen Beilagen, wie Kartoffel-, Hefe-, Semmeln-, Speck-, oder Spinatknödel.

Also in den verschiedensten Ausführungen, außerdem auch gratinierte Kartoffel und Bratkartoffel, sowie Spätzle und eine große Zahl anderer Teigwaren.

Ein großer Teil ist in dem Frostabteil der SB Märkte zu finden aber selbstverständlich auch einiges wird in der separaten Frischkühlabteilung angeboten.

Wenn diese Waren für Sie in der Menge aber zu groß sind dann lassen sie sich wie schon erwähnt auch sehr gut aufteilen, aber dabei ist darauf zu achten, dass die gefrosteten so genannten Schüttwaren dabei nicht stark antauen oder sogar gänzlich auftauen.

Bei den Frischwaren sollte man die Aufteilung und weitere Aufbewahrung aber mit frostfester Verpackung vornehmen, die meisten Frischartikel sind es in den Originalverpackungen eher nicht.

Auch angebrochene Verpackungen haben keinen besonders hohen und langen Aufbewahrungswert mehr, also zum baldigen Verbrauch sollte man sie im Auge behalten.

Ideal wäre ein Haushaltgerechtes Vakuumiergerät, mit dem man die unnötige Luft aus der angebrochenen Verpackung sich wieder entfernen lässt, aber in Ermangelung eines derartigen Gerätes sollte man trotzdem versuchen so viel wie eben möglich an Luft wieder aus der Packung heraus zu bringen.

Denn Luft, also Sauerstoff tut dem Lagergut auf Dauer auch im Froster nicht gerade gut und beschleunigt Natur bedingt den Verderb Zeitpunkt.

Wie nun mit Resten ans Werk gehen?

Hier nun ein paar Anregungen was man und wie mit Resten Leckeres machen kann, für die persönlichen Vorlieben gibt es kaum Grenzen denn fast alles lässt sich im Grunde miteinander mit vielleicht etwas Raffinesse zu neuem leckerem Essen verwenden.

KARTOFFEL-REIS TALER:

Von Gestern und Vorgestern sind jeweils etwas Reis und auch Püree übriggeblieben, als eine Beilage allein reicht es jeweils dann aber auch nicht mehr, was nun damit anfangen, wenn es einzeln nicht genug ist, dann tut man es eben zusammen.

Jetzt wird so mancher sagen Püree und Reis zusammen, zwei so unterschiedliche Komponenten das geht doch nun mal gar nicht, doch und wie!

Sie können nun sogar wählen ob Ihnen der Sinn mehr dem Süßen oder dem herzhaften zu getan ist, hier ergeben sich schon einige Versionen man muss sich nur darüber klar sein, wie und was so alles an Beilagen im Hause ist.

Also würde man es ganz einfach als Kartoffel-Reis Taler mit Kompott oder aber auch im leicht gehobenen Sektor mit Geschnetzeltem von der Pute mit einer Sahnesoße mit knackigen Salat bezeichnen.

Was wird außer den Resten, je nach der Ausrichtung der Vorstellung noch benötigt, eigentlich nicht viel, etwas Paniermehl, ein Eigelb und einen Stich Butter oder Margarine, natürlich auch etwas Kochsahne, oder man nimmt eine fertige Soße für Geschnetzeltes, wobei man diese für eine Person auch nur halb nehmen kann.

Man gibt den Rest gekochten Reis von Gestern auf einen Teller und mischt das Eigelb unter, sodann das Püree mit einer Gabel untermischen so dass eine Homogene und auch eine doch recht feste Masse entsteht, die sich dann leicht formen lässt.

Nun formt man etwa Handteller große und etwa Fingerdicke Taler die man dann kurz erst im verbliebenen aufgeschlagenem Eiweiß und dann im Paniermehl wendet und in der gut gewärmten Pfanne in der Butter Goldbraun beidseitig bäckt, dann die gewünschte Beilage, wie zum Beispiel Apfelmus oder einem anderen Fruchtkompott auf dem Teller hinzugeben, schon ist ein leckeres Essen fertig.

Bei den Reistalern mit Geschnetzeltem vom Schwein oder der Pute und etwas Sahnesoße vielleicht noch einen knackigen Salat dazu geben, das rundet dann ein schon wirklich hervorragendes Essen ab.

SAUERKRAUT-REST:

Wie schon vorab angeführt, Sauerkraut ist bei vielen Leuten gedanklich nur mit einer Schlachtplatte, also mit Kesselfleisch, Leber und Griebenwurst verbunden, doch es bieten sich ja noch einige andere Versionen an.

Regional klassisch bietet sich hier die Zugabe von Bubenspitzle, Spätzle oder Spiralnudeln an. Ob nun als Reste oder extra Zugaben, wobei die Nudeln aber nur Al Dente abgekocht sein sollten, die anderen möglichen Zugaben gibt es bestens geeignet auch als halbfertige Ware.

Das Ergebnis nennt sich dann in bekannter Weise Krautschupf Nudeln oder Krautspätzle, dazu geben Sie dann eine gebratene frische Bratwurst.

Die Zugaben, Spätzle, Bubenspitzle oder die vorher fast fertig gegarten Spiralnudeln geben sie in eine gut gebutterte Pfanne und lassen diese dann fast fertig garen und auch leicht anbraten, so das hier und da goldbraune Stellen sichtbar werden, dann den Rest vom Sauerkraut untermischen und ebenfalls ganz leicht mit anschmoren lassen.

Die frische Bratwurst in der Zwischenzeit, als Ring, Kringel oder in normaler Form in einer zweiten Pfanne gut anbraten. Wenn die Wurst fertig gebraten ist, diese aus der Pfanne heben und das ausgebratene Fett der Wurst zu dem Kraut geben und unterheben.

Die nun fertige Kraut-Nudelpfanne auf einen Teller geben und mit der Wurst oben auf garnieren. Aus vorhandenen Resten dieses Mahl herstellen ist eine Angelegenheit von eben nur wenigen Minuten.

Guten Appetit.

In fast gleicher Art lässt sich auch ein Rotkohlrest mit den Bubenspitzle verarbeiten, die Spitzle sind bekanntlich aus einer Mischung von Kartoffel und Nudelteig gemacht, in Butter geschwenkt leicht anbraten und dann den Rotkohl zum Aufwärmen hinzu geben oder auch separat aufwärmen, er sollte aber im Gegensatz zum Kraut nicht schmoren, dazu bietet sich dann eine leckere Frikadelle oder eben auch eine Bratwurst an.

Bei den Halbfertigwaren sollte man im Allgemeinen nur nach den aufgedruckten Angaben verfahren, oder aber auch mit einiger Erfahrung sich eine eigene Version einfallen lassen.

So lassen sich Spätzle als Halbfertigware aber noch schmackhafter in der Pfanne mit einem kräftigen Stich Butter herrichten, wenn man beim garen nach dem ersten wenden einen kleinen Schuss Mineralwasser zugibt.

Womit sie sich regelrecht aufplustern und ein wenig fluffiger werden, und zugleich auch gerade mal knapp einen halben Teelöffel Bouillonpulver und eine kleine Prise Salz überstreut und gleich untermischt.

Für eine kurze Zeit aber nur zum Anfang die Pfanne abdecken und dann ohne Deckel fertig nach Bedarf garen, vielleicht noch mal einen kleinen Schuss Wasser nach Bedarf nachgeben oder auch leicht anbraten lassen.

Durch die Verwendung von den Halbfertigwaren ersparen sie sich die besonders auch beim Gemüse stellenweise doch recht aufwendige Vorbereitung, ob dabei auch schon fertig geschälte Kartoffel dazu zählen unterliegt der Auffassung eines Jeden selbst.

Selbst bei Spätzle oder Nudeln und derartige Beilagen können Sie bedenkenlos auf Halbfertigware zurückgreifen und haben dabei noch den Vorteil der persönlichen Abmessung der Mengen für den eigenen Bedarf, oder auch der bewussten Restebeschaffung dienen kann.

Wenn Sie dann mal so weit im Kochen fit sind können Sie natürlich auch die selbst gemachten oder auch gedachten Beilagen ausprobieren, doch Sie werden merken das die hier angesprochen Waren wirklich den Vergleich nicht zu scheuen brauchen.

Nicht Jedem ist es gegeben, für sich allein viel Zeit für das Vorbereiten von Speisen zu investieren, man verspürt Hunger und möchte dann auch gleich etwas essen.

Doch das ist dann noch so nebenher auch nicht unbedingt gesundheitsfördernd, da die Vorbereitung eigentlich auch ein fester Bestandteil des Essens ist.

Denn die für eine geordnete Verdauung wichtigen Magensäfte entstehen wie schon gesagt vom Kopf inspiriert erst und schon in der Vorbereitungszeit, unter anderem besonders eben auch beim Kochen.

Jeder Koch muss es auch in seiner Lehrzeit erfahren, dass zu einer Prise Salz auch ein wenig, ein Hauch Zucker gehören kann und das gleiche gilt aber natürlich auch umgekehrt. Sowie zu Saurem besonders süßliches hervorragend passt, so werden in der Küche beim Kochen sehr oft total widersprüchliche Komponenten miteinander verarbeitet.

Hier muss man sich nicht über das Widersprüchliche Gedanken machen, sondern darum in welchen Größenordnungen diese verschiedenen Dinge zusammenpassen.

Es gilt also in der Küche auch mal etwas Mut zu Ungewöhnlichem zu haben und vor allem mit kleinen Schritten sich langsam an den idealen Punkt heranarbeiten, es lautet also nicht umsonst, nur die Übung bringt den Meister.

Warum ich ihnen als Anfänger diese alten Küchenweisheiten sage, ist einfach begründet, nur mit Mut und nicht Übermut gelingen in der Küche auch die Dinge, die man sich vorher noch gar nicht so richtig vorstellen konnte.

Aber nur daran denken, davon wird kein Essen fertig, man muss es eben auch tun. Meine frühere Erziehungsberechtigte, also meine Mutter sagte mir einmal was ich nie mehr vergessen habe.

„ Wenn manche Leute auch nur halb so viel Zeit und Aufwand die diese vor dem Spiegel verbringen auch am Herd leisten würden, käme sehr oft ganz hervorragendes Essen auf den Teller".

KÄSSPÄTZLE:

Die gleiche Handhabung der Spätzle wie vorab schon angesprochen wurde, ist bei Kässpätzle geschmacklich von Vorteil wenn man die Spätzle mit etwas Butter und etwas Flüssigkeit in der Pfanne abgedeckt fast fertig gart, wenn man Sie etwas luftiger wünscht bietet sich ein kräftiger Schuss Mineralsprudel an, aber auch ein Schuss Bouillon gibt einen anderen angenehmen Geschmack, da können Sie ganz nach ihren Wünschen und Vorstellungen verfahren.

Nach dem untermischen vom Käse, die gewünschte Konsistenz durch die Zugabe von etwas Milch oder Kochsahne herstellen, zu bedenken ist dabei auch, das die Spätzle nach dem ersten Gar Vorgang ziemlich durstig sein können, daher kurz vor dem servieren vielleicht noch mal ein wenig Milch oder Sahne zugeben um das Essen schön geschmeidig zuhalten.

Bei Kässpätzle ist auch zu beachten das die dazu gehörigen gedünsteten Zwiebeln etwas mehr Zeit beanspruchen, denn Zwiebeln benötigen, um Al Dente zu sein nicht ganz zwanzig Minuten zum Garen, aber die Spätzle, als halbfertig Ware, gerade mal zehn Minuten.

Also arbeitet man am besten mit zwei Pfannen, um den Garzeitunterschied auszugleichen. Wenn man die Spätzle wie vorab beschrieben gegart hat, reichlich nach Belieben geriebenen Käse aufstreuen.

Fast zum Abschluss dann noch einen kräftigen Schuss Milch oder Kochsahne unterziehen, kurz aufkochen lassen und gleich servieren.

Für die Kässpätzle braucht man als Krönung natürlich eine leckere Zwiebelschmelze aus der Gemüsezwiebel. Das Dünsten sollte man aber schon vorher angefangen haben, bedingt durch die unterschiedliche Garzeit, hier muss man mit rund fünfzehn bis zwanzig Minuten rechnen.

Eine große Gemüsezwiebel reicht ungefähr für zwei Personen, die der Zwiebel nicht abgeneigt sind, bei geringerem Bedarf kann eine halbierte Zwiebel auch im Kühlschrank wenige Tage aufbewahrt werden.

Nach dem schälen, halbieren und dann in etwas dickere Scheiben schneiden, diese dann in etwas Fett und Flüssigkeit glasig dünsten.

Sobald das Fett von der Zwiebel aufgenommen worden ist, die Zwiebel in der Pfanne sollte man aber nicht zu trocken werden lassen, sondern mit einem kräftigen Schuss süßem Mineralwasser und Weißwein ablöschen, so dass der Pfannenboden nicht mehr trocken ist und dann eine kleine Prise Bouillonpulver überstreuen und unterziehen.

Dann nur noch kurz offen leicht köcheln lassen bis der gewünschte glasige Zustand erreicht ist und die Zwiebel aber noch leicht bissfest ist.

Dadurch karamellisiert die Zwiebel, noch beschleunigt durch Zucker oder süßem Sprudel und bekommt dadurch einen sehr gefälligen fast schon leicht süßlichen Geschmack und einen goldgelben Glanz, sobald die Zwiebeln den gewünschten Zustand der Garung haben, die Pfanne von der Kochstelle nehmen, denn zu weich sollten sie eigentlich dann auch nicht werden.

Der Autor bevorzugt dazu als zusätzliche Beilage dann gerne auch ein kleines nicht paniertes Medaillon Steak vom Schwein oder der Pute kurz gebraten aus der heißen Pfanne, aber auch ein zünftiges Rumpsteak passt hier hervorragend.

Das Ganze auf einem vorgewärmten Teller, wenn möglich, portionieren und gleich mit der fertigen Zwiebel als Krone obenauf servieren.

Eine ausführliche Zwiebel Kochbeschreibung lässt sich in dieser Niederschrift von mir „Chepa die Zwiebel „im zweiten Teil dieser Niederschrift nachlesen.

KNÖDEL:

Das vielfältige Sortiment der vorgefertigten Knödel als Halbfertig Ware unterscheidet sich wie schon gesagt in drei Hauptgruppen, Mehl, Semmel oder Kartoffelknödel und diese dann auch noch mal in die verschiedensten Versionen. Die Knödel stets nach der Gebrauchsanweisung auf der Verpackung zubereiten, aber darauf ist unbedingt zu achten das sie nicht Kochen.

Sollte man die Knödel aber aus der Pfanne bevorzugen, diese dann nach dem fast fertigen Garen aus einer Brühe oder Wasser etwas vorzeitig heben und nach dem etwas abkühlen, dann in kräftigere Scheiben schneiden und in der Pfanne mit etwas Butter goldfarbig ausbraten.

Die Beilagen zu Knödel sind auch recht vielfältig, fast alle Essen lassen sich auch mit Knödel als Beilage herstellen, aber ein übrig gebliebener Knödel ist überhaupt kein Grund ihn fortzuwerfen.

Auch mit Knödel kann man also auch eine Resteverwertung machen, in kräftigen Scheiben geschnitten wie eben erklärt in heißer Butter kross gebraten bietet sich zu anderen Beilagen oder auch süß mit Kompott ebenso an wie die Scheiben mit aufgeschlagenen Eiern als Omelett zu einem Salatteller.

Ein Knödel egal welcher Hauptgruppe zugehörig kann ein richtiges Allroundlebensmittel darstellen man muss sich nur Fragen wie und vor allem mit wem und was würde ich diesen Knödel gerne auf meinem Teller haben.

BUBENSPITZLE:

Bubenspitzle diese doch mehr Süddeutsche Spezialität bestehen bekanntlich aus Nudelteig und anteilig aus Kartoffeln, ähnlich wie die bekannten italienischen Gnocchi, diese sind als Beilagen allgemein bekannt, sie sind bestens geeignet zu Fleischspeisen mit heller oder dunkler cremiger Soße.

Hierfür werden sie am besten im einem heißen Wasserbad oder auch etwas Bouillon kurz erhitzt, aber nicht kochen lassen, schon ist eine leckere Beilage fertig. Aber auch mit Sauerkraut, sowie auch mit süßer Kompottbeigabe machen sie Beide eine hervorragende Figur.

Hierzu werden sie aber wie bei den schwäbischen Spätzle besser in der Pfanne in Butter geschwenkt zubereitet, wobei zum Kompott man die Spitzle dann etwas krosser, leicht goldgelb werden lässt und kurz vor dem servieren dann etwas, einen Hauch Puderzucker darüber streut, das schmeckt auch hervorragend als kleiner Nachtisch und Dessert bestens.

Zudem kann man auch eine leckere Gemüsepfanne mit beiden herstellen, dazu braucht man sie nicht unbedingt vorher im Wasserbad erhitzen.

Es gibt auf dem Markt einige Gemüsemischungen die hierzu hervorragend geeignet sind. Die Fertigstellung einer Gemüsepfanne wird im nächsten Abschnitt genauer beschrieben.

GEMÜSE-NUDEL-PFANNE

Sehr einfach ist eine Nudelpfanne herzustellen, ob nun dabei Reste verwendet werden oder ob man diese Speise ganz frisch herstellt, ist eigentlich keine grundlegende Frage, hier hat man fast unbegrenzte Variationsmöglichkeiten diese Speise nach dem eigenen Geschmack zu gestalten.

Dazu eignen sich breite Nudeln, Bubenspitz, Gnocchi und auch Spätzle, auch in trockener Version gleichwohl, diese trockene Version sollten aber kurz bis Al Dente nach aufgedruckter Kochanleitung aufgekocht oder gegart werden.

Aber nicht zu weich werden lassen, denn sie garen ja in der Pfanne später auch noch nach, bei Halbfertigware erübrigt sich eigentlich dieses Kochen jedoch.

Denn diese Vorgegarten Waren können in der Pfanne mit einem Stich Butter und etwas Flüssigkeit auch gleich fertig gegart werden, hier sollte man auf die etwas unterschiedlichen Garzeiten von der Gemüsemischung und den Teigbeilagen achten.

Zuerst das Gemüse, vielleicht mit einigen glasig gedünsteten Zwiebelringen verfeinert in der Pfanne andünsten und dann erst die Teigwaren zugeben.

Bei der Flüssigkeit Zugabe ist auch darauf zu achten ob das Gemüse noch gefrostet ist und wie viel Flüssigkeit sie bei dem Auftauvorgang in der Pfanne entwickeln.

Wenn beide Komponenten fast fertig gegart sind gibt man großzügig einen geriebenen Käse zu und macht das Ganze mit einem Schuss Milch oder flüssige Kochsahne schön geschmeidig, zum Abschluss das Probieren nicht vergessen.

Als fleischige Beilagen bieten sich alle Kurzgebratenen Sorten oder aber auch die italienische würzige Sasitcha Wurst an.

EINTÖPFE

Bei Eintöpfen gilt eigentlich nur eine Devise, alles was einem schmeckt ist erlaubt, nur sollte man sich vorab darüber klar sein, was passt eigentlich auch zusammen.

Denn zum Beispiel Kohl kann einen leicht säuerlichen Geschmack hervorrufen, wogegen Zwiebeln nach dem garen eher zu etwas Süße neigt.

Deshalb schon vorher sich Gedanken machen was im Endeffekt für ein Geschmack gefordert oder gedacht ist, außerdem spielt dann auch die grundsätzliche Frage eine Rolle ob man sich einen klaren oder trüben Fond im Eintopf wünscht.

Also sind wir wieder bei dem unumstößlichen Grundsatz erst den Kopf einschalten bevor man den Topf auf den Herd stellt, denn sonst muss man sich überraschen lassen was am Ende dann auf den Teller kommt.

Besonders beliebt sind die Eintöpfe im ländlichen Ambiente, denn nach schweißtreibender Arbeit, dann ein guter kräftiger Eintopf erfüllt alle Kriterien einer gesunden und kraftvollen Ernährung.

Wie schon vorab beschrieben lassen sich fast alle Reste bei einem Eintopf wieder verarbeiten, bei diesem doch uralten Essen gilt auch eine Grundregel, wer nichts probiert, wird auch nichts Neues erfahren.

Also wenn Sie einen Rest im Kühlschrank haben sollten Sie die Weiterverwertung als Eintopf stets in Betracht ziehen, dass gilt sowohl für alle Mehlprodukte und auch Knödel besonders aber auch bei Gemüseresten.

Zur Auffüllung bietet sich fast immer eine Kartoffel Zugabe an, aber auch andere Grundzutaten können geschmacklich eingefügt und miteinander verwendet werden, wenn man überlegt wie würde mir der Rest im neuen Gewand denn eigentlich munden.

MÖGLICHKEITEN mit GEMÜSE

Beim Gemüse muss man praktisch in vier Versionen denken, frisch vom Markt, aus der Konserve, aus dem Frost oder als Halbfertigwaren, alle haben unbestritten gewisse Vorteile aber einige auch Nachteile, die es nicht zu vernachlässigen gilt.

Die Nachteile sind beim Frischgemüse, das man verschiedene nur zu bestimmten Jahreszeiten erhalten kann. Meist kommt der Putzaufwand auch noch hinzu und die Aufbewahrungszeit ist doch auch recht begrenzt.

Bei den Gemüsedosenkonserven hat man immer die Flüssigkeit dabei und man hat gar keine Sicht auf die Ware, man kann sich nur auf die Außendarstellung vom Etikett verlassen, eine kleine Ausnahme stellen gelegentlich die Gemüse in Gläsern und Hülsenfrüchte für Salate und dergleichen dar.

Die im Allgemeinen angebotene Gemüse aus dem Frostfach haben auch ihre gewissen Vorteile, man muss sie nicht mehr mühsam putzen , aber bei teilweisem Verbrauch ist unbedingt darauf zu achten das ein An oder Auftauen vom verbleibenden Rest vermieden wird.

Halbfertigware birgt im Prinzip eigentlich die meisten Vorteile, man braucht das Gemüse auch nicht mehr putzen. Man sieht meistens genau was man erwirbt und das Portionieren ist sehr einfach was sehr vorteilhaft ist, man muss nicht unbedingt gleich die ganze Packung auf einmal verbrauchen.

Was vor allem bei einer kleinen Küchenführung sehr wichtig und eben vorteilhaft ist, die Ware lässt sich recht gut in handliche Portionen je nach Gebrauch aufteilen ohne dass man sie dazu auftauen muss.

Hierbei ist aber zu beachten, dass angebrochene Packungen nicht zu lange, auch nicht im Froster, weiterhin aufbewahrt werden.

Denn das Mikroklima in der Verpackung, ob nun mit entsprechendem Gas behandelt oder auch nicht, ist durch das öffnen gestört, weil ja auch die abgeschlossene Sterilität innerhalb der Packung leicht unterbrochen wurde.

Mittler Weile gibt es auf dem Markt eine große Auswahl an halbfertigen Gemüse Angeboten und auch an fertigen Gemüsemischungen, sowie auch Knödel jeder Art und verschiedene Teigwaren.

Bei zum Beispiel einer Nudelpfanne, die ich aber gerne selbst zusammenstelle, verwende ich aber dann doch gerne ein halbfertiges Gemüseprodukt aus dem großen Sortiment.

Hier sollte man bedenken das auch Halbfertigware nicht zu lange im Voraus gekauft wird, also eine zu lange Lagerzeit auch im Froster ist nicht anzuraten, doch über ein paar Wochen geht es trotzdem.

Ich persönlich bevorzuge im Prinzip die Einzelsorten Packungen, so kann ich sie nach meinen Wünschen und dem jeweiligen Bedarf miteinander mischen und gebrauchen.

Aber zum Beispiel, bei Linsen mit Spätzle verwende ich persönlich doch bevorzugt die normalen trockenen Hülsenfrüchte von der Alb, im Gegensatz zum Linseneintopf, wo ich auch schon mal eine entsprechende Konserve als Basis verwende.

Hier ist dann auch ein Rest vom letzten Linsengericht recht gerne willkommen, das gleiche gilt auch beim Erbseneintopf und dem Erbsenrest sowie auch Prinzess oder Brechbohnen lassen sich hervorragend in leckere Eintöpfe verwandeln.

Wiederum bei anderen Hülsenfrüchten wie Erbsen und Bohnen nehme ich auch recht gerne Konserven als Gemüsebeilagen, Eintöpfe oder auch schon mal entsprechend als Salat.

Sie sollten auch einfach mal etwas ausprobieren, Sie können sich eigentlich gar nicht blamieren, denn Sie kochen doch nur für sich und eigenes Wohlbefinden als Single.

Wie Sie ersehen können, es gibt unzählige Möglichkeiten den persönlichen Geschmack zu befriedigen, man muss nur ein wenig seinen Kopf dabei benutzen, um seinem Magen eine Freude zu bereiten.

Bei allem Tun in der Küche gilt im Prinzip immer das gleiche, erst mit dem Kopf sich den Geschmack auf die Zunge zaubern, die ihnen gefällige Zusammensetzung dabei beachten und dann erst entsprechend einkaufen und dann den Herd anschmeißen um sich etwas Köstliches zu Essen zubereiten, ein zufriedener Magen wird es ihnen Danken.

Hört sich im Moment das weiterverwenden auch noch so komisch an, es hat kein Rest im Endeffekt verdient in der Mülltonne zu landen.

Sei er auch noch so klein oder unbedeutend, morgen schon kann daraus etwas köstliches Etwas werden, eben aus Dem was man heute kaum noch beachtet hat.

Wie Sie sehen können auch Komponenten zueinander finden, an die man vorher noch gar nicht so gedacht hatte, Kreativität und auch ein wenig Mut sollte man beim Speisenzubereiten auch schon mal entwickeln. Vor allem wenn man während dem Kochen bemerkt, dass einem etwas fehlt oder vielleicht auch nicht so gelingt wie man sich das vorgestellt hat.

Wenn ihnen beim Zubereiten eine Gewürzzugabe zu heftig ausgefallen ist, braucht man das Ganze nicht gleich vernichten, hier gibt es auch verschiedene Tricks das Essen doch noch zu retten, indem Sie entweder das Essen mit etwas Überwürze mit etwas Sahne abschwächen, auch Milch und ein wenig fein geriebenen Käse kann da Wunder wirken.

Genau so lässt sich auch ein vermeintlich angebranntes Essen zum größten Teil noch retten, wenn Sie feststellen, dass ihr Kochgut kräftig angesetzt hat oder sogar leicht angebrannt ist, dann unbedingt das umrühren unterlassen.

Denn mit dem umrühren wird der Brandgeschmack nur auf das noch nicht betroffene Essen übertragen und noch stark vermehrt und im gesamten Topfinhalt verbreitet.

Sondern sofort das Kochgut in ein anderes Gefäß umgießen und erst danach vorsichtig das noch brauchbare vom verbrannten trennen, vielleicht auch kurz probieren was von dem im Angesetzten doch noch brauchbar erscheint.

Wenn aber das abgeschüttete Kochgut schon leicht den Brandgeschmack zum Teil angenommen hat, kann man mit etwas Milch oder Joghurt Zugabe, oder auch durch die Vergrößerung der eigentlichen Kochmenge durch frische Zugabe der gleichen Ware oder auch ein Paar Kartoffel den vielleicht störenden Geschmack wieder ausblenden.

Diese Handhabung funktioniert aber nur wenn noch wesentlich mehr als die Hälfte vom Kochgut nicht betroffen ist und man nicht zuvor kräftig umgerührt hat.

Man kann aber auch, wenn man mit Flüssigkeit das Gewürz oder den störenden Geschmack ausdünnen will mit einer Prise Püree Pulver, oder auch ein wenig Reibekäse das Ganze abblenden.

Zudem wenn man Bindemittel in Form von hellen oder braunen Soßenpulver vermeiden möchte, das Essen, dass durch die Flüssigkeitsbeigabe dann aber fast zu flüssig wurde, lässt so auch wieder gut etwas abbinden.

Wenn alle Versuche nicht so richtig wirken wollen, dann kann man das Ganze mit vielleicht vorhandenen weiteren Zutaten vergrößern.

Natürlich mit dem guten Wissen, dass dann in jedem Falle ein Rest überbleiben wird, aber lieber ein kalkulierter Rest als ein Essen unnötig in den Abfall versenken.

Als Beruhigung kann ich Ihnen versichern das selbst große Köche auch schon mal in und bei der Zubereitung einen Rabenschwarzen Tag verzeichnen konnten. Doch aus einem Missgeschick dann noch akzeptables und schmackhaftes herzustellen ist dann die ganz große Kunst der gut geführten Küche.

Wie ich an anderer Stelle schon erwähnt habe man, muss nicht unbedingt sich die Küchenarbeit unnötig schwer gestalten, wenn man vor dem Kochen erst seinen Kopf und dann erst seinen Magen befragt, Ideal ist es, wenn beides im Einklang geschieht.

Erinnern wir uns, erst Überlegen dann Einkaufen und dann Kochen in dieser Reihenfolge hat Ihr Magen schon von Anfang eine nicht unmaßgebliche Mitarbeit zu verrichten.

Noch einen sehr wichtigen Ratschlag möchte ich Ihnen geben, wenn Sie als echter Küchenneuling den Versuch machen sich durch ein Kochbuch leiten und beeinflussen zu lassen, dann sage ich wie vorab schon, aber nur unter anderer Vorgabe, lesen zum Appetit holen ja, unbedingt ratsam.

Aber kochen nach der Anleitung gelingt in den seltensten Fällen einem blutigen Anfänger, denn die Angaben setzen wie selbstverständlich auch schon eine gewisse Kenntnis in der Küche voraus, die man aber erst noch erwerben möchte.

Jede Anregung soll Ihnen ja willkommen sein, aber bedenken sie dabei auch, die Umsetzung gelingt auch mit dem schönsten Kochbuch nicht, wenn einem die Grundkenntnisse in der Küche fehlen.

Trotzdem nicht gleich den Mut sinken lassen denn wie immer im Leben mit ein wenig Übung kommt man der Sache Schritt für Schritt doch recht schnell näher.

Wichtig ist das man nicht nur nach dem Motto verfahren, Hauptsache der Ranzen spannt egal was auf dem Teller ist, lieber ein wenig Hirnschmalz vorher gebrauchen und es dann dem Magen gut gehen lassen.

Der Volksmund sagt es ja auch schon, Essen und Trinken halten Leib und Seele zusammen, genauso verhält es sich mit dem Zusammenspiel von Kopf und Magen.

Die Faustformel lautet nun mal erst der Kopf, dann der Topf. Was auch noch wesentlich ausschlaggebend sein kann ist doch die Tatsache, dass man sich doch auch gerne wie früher bei Muttern bekochen lässt.

Wenn man dann aber mit der Zeit, wenn man es eben selbst ausprobiert hat, feststellt das man das fast genauso gut fertigbringt, erfüllt es einen doch auch mit einer gehörigen Portion Stolz und Freude und man lässt vielleicht auch hin und wieder andere daran teilhaben.

Selbst das einfachste Essen selbst erstellt, schmeckt am Ende sogar doch noch besser als das immer wieder gleiche Essen aus dem Bestellkatalog mit all seinen Begleiterscheinungen.

Glauben Sie mir es ist schon fast wie ein Ritterschlag, wenn man nach einiger Zeit auch mal für einen lieben Gast etwas auf den Teller zaubert und bei der Zubereitung sich aber ständig bange fragt, ob das was man da gerade zubereitet hat, auch dem Gast schmecken wird. Diese bange Frage und Zeit werden dann aber erlösend belohnt mit einem Satz wie:

„Danke für das gute Essen„

Das schließt auch ein, dass man sich selbst auch gelegentlich mal bei dem, der die Küchenarbeit verrichtet hat, sich bedankt.

Nur eine Anleitung!

Diese Anleitung will ihnen eigentlich nur die Scheu vor der Küche, dem Kochen, dem Einkaufen und vor allem vor den zu erwartenden Resten und deren Bewältigung nehmen und soll auch kein direktes Kochbuch sein.

Was für Anfänger, ob noch jung oder schon etwas älter zum Teil wie ein Buch mit sieben Sigel erscheinen mag, lässt sich mit einer verständlichen einfachen Anleitung bewerkstelligen.

Denn profunde Kochbücher und Rezeptvorschläge gibt es ja zu Hauf, doch viele Nutzer haben einfach ein wenig Probleme mit der Handhabung der Rezeptangaben und auch mit der Zusammenstellung, was passt zu was.

Vor der Arbeit mit dem Topf, steht eben wie gesagt die Tätigkeit mit dem Kopf!

Nach der Lektüre dieser Schrift werden Sie sich wohl besser zu Recht finden, was eben auch den Bereich des Einkaufens und der damit verbundenen Handhabung beim anschließenden Kochen angeht.

Grundsätzlich sollte man immer bedenken, dass das Essen eben eine nicht zu verachtende sinnliche Angelegenheit ist, wie schon öfter erwähnt, ob bei umfangreichem oder kleinem Essen, die Funktionen des gesamten Organismus greifen stets ineinander und alles wird eben vom Gehirn vom Kopf ausgesteuert.

Ebenso wichtig ist unbedingt ein wenig Zeit für das Essen bereiten und besonders beim Verspeisen am Tage einplanen, dazu gehört natürlich auch das geplante gezielte Einkaufen.

Es ist also ein ganz wichtiger Tipp für den Einsteiger der Selbstversorgung, nur mit dem Topf allein geht es nicht, auch der Kopf muss eben mit eingespannt werden.

Denn wenn der Kopf für das Essen tätig war, wird sogleich auch der gesamte Verdauungsbereich in erwartungsvolle Tätigkeit versetzt und die erforderlichen Verdauungssäfte werden in nötiger Menge zur Verfügung gestellt.

Angst vor dem Selbstbekochen braucht man nicht zu haben, wenn einmal etwas nicht so richtig schmeckt, beklagt sich ja keiner, denn Sie merken es ja selbst doch zuerst und haben dann die einmalige Chance es beim nächsten Mal besser zu machen.

Reste müssen also auch kein Grund für eine Besorgnis sein, denn fast jeder Rest lässt sich wie vorab umschrieben mit einer anderen Beilage wieder als eine andere Speise beleben, wozu sich auch die verschiedenen Arten der Zwiebel bestens geeignet sein können.

Man muss also nicht mehrere Tage das gleiche zu sich nehmen nur weil man eben seinen Kopf nicht mit eingesetzt hat und das darüber nachdenken als überflüssig erachtet hat.

Mit dieser Niederschrift soll nicht der Nahrungsindustrie für Halbfertigware das Wort geredet werden, sondern den Verzagten und Unsicheren, die vielen ja fast unbegrenzten Möglichkeiten aufzeigen, die der Markt anbietet.

Und das besonders den Personen vielleicht auch hilfreich ein paar Tipps geben, die bisher sich über eine gesunde Ernährung noch keine ernsthaften Gedanken gemacht haben.

Wichtig ist und bleibt, dass man es sich auch zutraut und dazu möchte der Autor Unschlüssige anleiten, um sich selbst ein leckeres Mahl zu erstellen und nicht aus Unlust und Ängstlichkeit es dann doch sein lässt.

Ein selbst erstelltes Essen und sei es auch noch so einfach und klein ist auf Dauer in jedem Falle gesünder, als der schnelle Imbiss, der auch noch im Stehen oder gehen als ein tägliches Hauptessen eingenommen wird.

Man kann gar nicht oft genug den Hinweis geben, dass sinnliche Tätigkeiten und dazu zählt besonders die Ernährung die eben auch die Tätigkeit des Kopfes in der jeweiligen Richtung bedarf, denn alles was Lebenswichtig ist, sollte man auch entsprechend bedenken und handhaben.

Als Ausgleich steht ja auch ab und an mal ein Bestellservice Essen nach alter Gewohnheit nichts im Wege spätestens dann werden Sie aber merken, dass das selbst gemachte Essen irgendwie befriedigender war und sein kann, auch wenn es am Ende vielleicht etwas mehr Zeit benötigt hat.

Bedenken sollte man auch, dass selbst das Träumen vom Schlaraffenland einige Zeit der Muße beansprucht, so mal ganz neben bei geht selbst das nicht.

Es bleibt bei der Erkenntnis, dass es bei der Ernährung einfach nicht ohne die Kopfarbeit geht, ob nun was bestellen, bringen lassen oder auch selbst einkaufen immer ist zuerst der Kopf gefragt, der dann automatisch den Magen und die Organe auffordert mitzuwirken.

Nur mit Einhaltung der richtigen und logischen Reihenfolge ist überhaupt eine gesunde Ernährung möglich.

Vielleicht noch einen kleinen Tipp, zum Beginn Ihrer Küchentätigkeit brauchen Sie nicht unbedingt eine bombastische Kücheneinrichtung und Gerätschaften, sondern nur ein wenig Zeit und etwas Willen selbst was für den Tisch fertig zu bringen und natürlich den Kopf nicht vergessen.

Als Resümee wird es nach kurzer Zeit doch ganz sicher klar der Topf und die Pfanne muss sich bei Ihnen nicht vor dem Schrotthändler fürchten.

Der Autor wünscht Ihnen ein gutes Gelingen bei Ihren ersten und täglichen Kochversuchen und einige geschmacklich großartige Ergebnisse und Erfahrungen an Pfanne und Kochtopf.

Im Anschluss werden auch noch die diversen Arten einer Lauchpflanze näher betrachtet, die ja auch als Ergänzung bei der Restebewältigung sehr dienlich sein können.

Ein Wort zur Familie der Zwiebel:

Zu denen man in Kurzform nur sagen kann, sehr gesund und einfach zu handhaben, obwohl sie auch sehr stark die Tränendrüsen anregen können.

In der Geschichte der Welt kann man bis in die tiefste Vorgeschichte einige Abhandlungen finden, selbst die Altägypter wussten schon den Wert der Knolle zu schätzen, ob in der Küche zur Ernährung oder als ein vielseitiges Heilmittel und nannten sie da schon Allium Chepa.

Seit ebenfalls undenklich langer Zeit werden die Esslinger schon mehr scherzhafter Natur, als die Zwieblinger bezeichnet.

Was soll man schon über eine Pflanze sagen und schreiben die eigentlich jeder kennt, was aber auch schon seit undenklichen Zeiten einige großen Köpfe getan haben, einige Zeitgenossen verweigern sich sogar gänzlich trotzdem aber diesem gesunden Knollengewächs.

Doch die Vielfältigkeit dieser Zwiebel und Lauchpflanze ist schon verblüffend und lässt somit unzählige Varianten der Nutzung zu.

Natürlich gibt es auch einige Rezepte, um Interesse und ein wenig Geschmack an der Knolle zu wecken, wichtig ist auch das Sie einfach mal etwas Neues ausprobieren, man kann dabei nicht allzu viel falsch machen, wenn man nur einige Grundregeln beachtet.

Dazu braucht man auch, wie bei den Resten eben Pfanne oder Pott und auch ein wenig Hirnschmalz!

Eine Lauchpflanze mit langer Geschichte!

Die Zwiebel, lateinisch auch Allium Chepa genannt ist als eine Kulturpflanze mittler Weile in recht verschiedenen Versionen bei uns bekannt, eine Knolle, die es wirklich in sich hat und das nun schon seit undenklich langer Zeit.

Man vermutet, dass dieses Lauchgemüse, zudem ja auch die normale Zwiebel zählt, schon länger als Speise und Heilpflanze genutzt wird als es Kalender gibt, ja selbst das Schrifttum ist da noch jünger.

Schon die Arbeiter an den Pyramiden wurden überwiegend mit Lauch, Zwiebeln und Knoblauch verköstigt und versorgt, nicht nur wegen dem hohen Nährwert, sondern auch wegen dem gesundheitlichen Aspekt.

So vielfältig wie man die verschiedenen Zwiebelarten Heute vorfinden kann, verdanken wir eigentlich im Grunde den Holländern, die diese große Vielfalt dieser einfachen Feldfrucht schon im Mittelalter durch diverse zahlreiche Züchtungen im Europäischen Bereich damit gehandelt und verbreitet und somit bekannt gemacht haben.

Bei dem Alter bei dieser Pflanzenfamilie braucht man sich nicht über unzählige alte Geschichten und Sagen wundern.

Lauch ein tolles Gemüse!

Im folgenden Teil betrachten wir einmal die Knolle als ein universales Küchengemüse und auch Gewürz, es sind zu alten überlieferten Rezepten auch einige eigene Erkenntnisse, Koch und Grillanleitungen von dem Autor beigesteuert worden.

Die für einige Personen unliebsamen Begleitumstände bei der Verwendung dieser Lauchpflanzen lassen sich zum größten Teil vermeiden oder verringern, wenn man mit den Knollen angemessen umgeht.

Es gibt sehr viele Haushaltstipps, um zum Beispiel die Tränendrüsen nicht schon beim Anblick einer Zwiebel in Aktion treten zu lassen.

Die Möglichkeiten gehen von Simpeleinfach bis schon leicht Skurril, aber wenn es hilft ist alles recht.

Die Tipps sollte man für sich selbst ausprobieren, jeder hat ja bekanntlich so seine eigenen Arbeitsweisen, auf die ein jeder für sich schwört.

Aber überwiegend hilft es schon ein wenig, wenn man seine Nase nicht zu dicht und vor allem nicht direkt über der zu bearbeitenden Knolle hält. Man merke je näher die Nase bei der Zwiebel ist umso mehr rollen die Tränen.

Also am besten am so genannten langen Arm schälen und schneiden, auch kurze Zeit vorher in den Kühlschrank legen und das Scheidebrett und das Arbeitsgerät kurz mit kaltem Wasser abspülen soll hier helfen.

Mit vielen solchen unzähligen kleinen Tricks kann man da schon Abhilfe schaffen, andere nehmen auch einen kräftigen Schluck Wasser in den Mund, und zwar solange bis sie mit der Zwiebelarbeit fertig sind.

Eine große Taucherbrille oder Maske finde ich nicht so praktisch, weil der Sichtradius doch eingegrenzt wird und man zudem auch nicht die Arbeitsfläche richtig im Blick halten kann, da ist dann doch recht schnell eine total unnötige Verletzung möglich.

Besonders, um nicht zu sagen das Wichtigste ist aber, man sollte ein richtig scharfes Messer beim Zerschneiden der Knolle benutzen.

Denn damit verringert sich der Druck auf die Zwiebel, den sollte man unbedingt vermeiden denn dadurch verringert sich dann auch der Austritt der reizenden und Tränen treibenden schwefelhaltigen ätherischen Senföles.

Dieses Öl ist der eigentliche Urheber da es die Schleimhäute im Rachen, der Nase und die Tränendrüsen reizt, daher ist das mit dem Wasser wiederum gar nicht so abwegig.

Zum angenehmen Genuss dieser Knolle kann man in unzähligen fast unendlichen Möglichkeiten der Zubereitung schwelgen.

Auch was sich manch Einer auf den ersten Blick gar nicht vorstellen kann ist aber doch möglich, man sollte einfach seiner Fantasie freien Lauf lassen und auch mal mutig bei gewissen Kombinationen sein.

Nur wer etwas ausprobiert kann auch Erkenntnisse sammeln und seiner Speise manche neue auch ungeahnte Geschmacksrichtung verleihen. Denken Sie auch einfach mal daran, dass bekanntlich Gegensätze auf den ersten Blick sich aber auch anziehen und daher im Geschmack sich hervorragend ergänzen können.

Man sollte sich auch ein wenig mit den gängigen sieben Zwiebeltypen und auch den dazu gehörigen Lauchzwiebeln sowie Knoblauch und besonders bei Porree dem Lauchgemüse befassen.

Denn jede der Knollen hat auch eine gewisse Eigenart, die es zu fördern gilt. Dazu braucht es nicht unbedingt eines Lehrgangs, aber jede Sorte hat so ihre kleinen Eigenheiten, die es zu beachten gilt, um dann einen ungetrübten und gewünschten Genuss zu haben.

Zu der recht großen Lauchfamilie zählen nicht nur die herkömmlichen üblichen Zwiebeln in ihrer Vielfalt, sondern auch alle anderen essbaren Lauchgewächse als solches auch dazu.

Denn die eine und die andere Zwiebel ist nicht unbedingt mit allen anderen Arten einer Lauchgemüsepflanze gleich zu stellen, die eine ist wesentlich weicher in der Konsistenz als die andere und auch die Schärfe ist auch noch recht unterschiedlich, somit auch unterschiedlich im Geschmack.

Grundsätzlich sollte man stets schon beim Einkaufen unterscheiden ob die Zwiebel roh oder gedünstet verzehrt werden soll. Ein gut sortierter Haushalt wird daher schon stets etwa drei Sorten aus dem großen Sortiment vorrätig haben, wie die Große Gemüse, der Haushaltszwiebel und eine für den rohen Verzehr, weiß oder rot.

Sanft gedünstet entwickeln fast alle sogar eine gewisse Süße, allen Lauchknollen ist aber eins gleich bei zu strenger Hitze können sie dann bitter werden.

Am besten Sie probieren einfach mal den größten Teil der handelsüblichen Knollen aus, um dann daraus ihre persönlichen Favoriten zu ermitteln.

Lagern Sie Ihren Vorrat aber stets trocken kühl und luftig, also auch nicht zu viel und dicht sollten sie nicht länger liegen, dann immer mal wieder kontrollieren ob die Knollen noch recht trocken und sich fest anfühlen.

Bei einem Verdacht das sie etwas weich sich anfühlen diese Knollen sofort aussortieren und wenn möglich schnellstens verwenden und wenn es dann nötig erscheint, dann auch etwas üppiger schälen.

Sollte die Zwiebel mal einen leichten Keimtrieb zeigen ist das noch nicht ein Wert mindernder Aspekt, doch ein ausgeprägter Trieb bedeutet, dass die Knolle ihre ganze Kraft in den Trieb verlegt hat und somit die Knolle selbst ihren Geschmack stark eingebüßt hat.

Was bei der Knolle allgemein ratsam ist, außer man will sie bewusst roh verarbeiten oder essen, die Zwiebel kurz mit etwas heißem Wasser übergießen oder für einen Moment hineinlegen, damit verringern sich auch die bekannten unangenehmen Begleiterscheinungen.

Hier nun einen kleinen Überblick der verschiedenen handelsüblichen Sorten und ihren jeweiligen üblichen und geeigneten Einsatz.

Es folgt eine anschließende kleine Auflistung, der bei uns gängigsten Zwiebeln, die im europäischen Handel bekannt sind, es ist somit keine allumfassende Benennung, denn weltweit soll es noch einige Arten mehr geben.

Die Küchen oder gelbe Haushaltszwiebel:

Sie gilt allgemein als die ganz normale Zwiebel, eigentlich das Universalgemüse und Gewürz schlechthin, aber besonders bei ihrem gekochten Einsatz.

Da sie roh gegessen doch einen etwas strengeren und schärferen Geschmack hat, der Beilagen dann etwas zu stark überbetont, aber in gekochtem Zustand sich sehr gut mit anderen Zutaten harmonisch verbindet.

Die große gelbe Gemüsezwiebel:

Früher wurde sie auch schon mal Metzgerzwiebel genannt, sie eignet sich sehr gut für den gekochten Einsatz bei einer Zwiebelsuppe oder gedünstet aus der Pfanne da sie etwas weicher im Geschmack und in der Konsistenz ähnlich wie die Haushaltszwiebel ist, eine Kartoffel würde man als mehlig kochend bezeichnen.

137

Die große weiße Zwiebel!

Wie auch die kleinere Perl oder Silberzwiebel die etwas feinere, weniger scharfe und leicht süßliche Haushaltszwiebel mit milderem Geschmack, bietet sich als Einsatz bei nicht so stark betonten Geschmacksrichtungen besonders bei Marinaden und sauer Eingelegtes an.

Die große rote Zwiebel!

Sie ist die eigentliche Zwiebel für zum rohen essen und in Salaten, oder bei Schafskäse mit Olivenöl oder angemachten Harzer oder Romadur mit Marinade, harmoniert auch hervorragend mit Zitrusfrüchten, sie sind zudem auch ein recht dekorativer Hingucker auf Salaten.

Die lange Schalotte!

Ist nicht zu scharf und doch recht würzig, eine Allrounderin so etwa in der Mitte zwischen den Küchen und den weißen Zwiebeln ein zu ordnen.

Das etwas Mühselige schälen der recht dünnen Außenschale kann man umgehen in dem man die Schale in der Längsrichtung leicht bis in die erste Innenschicht einritzt und dann gemeinsam abzieht.

Die kleine runde Schalotte!

Die kleinere Schwester der langen Schalotte die hervorragend klein gewürfelt zu Salaten, besonders zu Feld- Bohnen- und Tomatensalat passt, gekocht verleiht sie eine angenehme süßliche Note, auch im Ganzen lassen sie sich gut garen.

Lauchzwiebeln!

Auch Frühlings - oder auch Schalotten Zwiebel genannt, lassen sich roh überwiegend gut in Salaten verwenden, aber nur von der Wurzel bis zum kräftigeren grünen Bereich.

Das dunklere Grün kann man aber auch fein in Ringe geschnitten beim Kochen, zum Beispiel bei Käsespätzle sehr gut als Deko Streugut oben auf verwenden.

Wie Sie sehen eine Zwiebel ist nicht nur die Zwiebel, sondern ein recht unterschiedliches Gemüse, welche der vorab beschriebenen Sorten ihnen nun mehr behagt und zusagt, sollte jeder nach seinem eigenen Geschmack herausfinden und einsetzen.

Wenn Sie die mit einer Zwiebel gern einhergehende Blähung vermeiden wollen, hilft ein wenig zugegebener Kümmel gemahlen oder auch in ganzer Form.

Die hier aufgezeigten Zubereitungen mit Zwiebel und Co sind nur ein kleiner Abriss von noch vielen anderen Möglichkeiten, sowohl in gekochter oder auch roher Verwendung.

Eindeutig kann man feststellen, dass diese Pflanze es eigentlich nicht verdient hat, nur wegen ein paar auffälligen Begleiterscheinungen dann doch vollkommen verachtet zu werden.

Zusammenfassung:

In fast jedem Kochrezept von alters her taucht die Zwiebel immer wieder auf, leider aber viel zu selten vor allem in älteren Rezepten, wird auf die eine oder andere besser geeignete Sorte der Knolle aus der doch überschaubaren Auswahl hingewiesen.

Sie sehen schon in der groben Übersicht werden einige verschiedene Anwendungsbereiche einer Zwiebel genannt und wenn sie ein wenig darauf achten, werden Sie auch bemerken das bei richtiger Anwendung die leichten allseits bekannten Nebenerscheinungen sich auch zum Teil verringern lassen.

Daher sind ein wenig Grundkenntnis und Zielsetzung von maßgeblicher Wichtigkeit, was will ich machen, was will ich am Ende für eine Geschmacksrichtung erzielen, mit was kann ich mein Ziel erreichen.

So ergibt sich aus dieser Fragestellung schon ein wichtiger Rahmen der Einsatzmöglichkeiten, man sollte auch dabei einfach auch mal mutig experimentieren.

Um den unangenehmen Nebenerscheinungen, wie Blähungen und so weiter entgegen zu wirken gibt es einige helfende Möglichkeiten.

Grundsätzlich sollte man zum rohen Verzehr die Zwiebel stets frisch schälen und portioniert auch schneiden.

Zudem kann man bei befürchteten Blähungen mit ein paar Kümmelkörnern, gemahlen oder auch ganz schon eine Linderung und gewisse Erleichterung erzielen.

Oder aber, man Blanchiert die Zwiebelringe mit heißem Wasser oder einer leichten Brühe, je nach dem wofür die Zwiebelbeilage gedacht ist.

Als Rohkost nur mit einer Heißen Brühe kurz übergießen und dann nach Gusto leicht ziehen lassen, um sie dann in Richtung leicht al Dente zu verzehren, auch hier kann man seinen eigenen Geschmack schnell herausfinden.

Als Beilage zu Gekochtem sollte man die Zwiebel dann doch etwas mehr dünsten oder in der Pfanne glasig werden lassen, am besten, wenn man wie bei Nudeln darauf achtet das sie al Dente, also noch leicht bissfest ist.

Den Geschmack einer Zwiebel kann man durch das hinzu fügen von etwas Essig, Öl und Pfeffer bei kaltem rohem Verzehr und mit Honig, Zucker und mit etwas Boullionpulver beim warmen Verzehr gut beeinflussen.

Mit Salz sollte man die Knolle nicht direkt in Verbindung bringen, oder nur ganz kurz vor dem Verzehr benutzen, da durch das Salz die Feuchtigkeit der Knolle sich vermehrt und dann richtig zur Wirkung kommt und somit auch der Tränendrang dadurch noch stärker angeregt wird.

In jedem Falle recht vorsichtig damit sein, da das Salz durch die dann vermehrte Bildung von Flüssigkeit auch den eigentlich ungewünschten scharfen Zwiebelgeschmack noch verstärkt erscheinen lässt.

Grundsätzlich, auch je nach Größe der geschnittenen Ringe oder Stücke unterschiedlich braucht eine Zwiebel gut zehn Minuten bei mittlerer Hitze zum garen, zu große Hitze lässt sie besonders in der Pfanne leicht bitter werden. Zum völligen garen und verkochen bedarf es dann aber etwas über zwanzig Minuten Kochzeit.

Als sichtbare dekorative Beilage oder Zutat sollten sie nicht mehr als goldfarbig oder glasig eigentlich dabei nicht werden.

Je trockener Sie die Pfanne halten umso eher wird die Zwiebel braun oder schwarz besonders an den Rändern der Ringe und dann aber auch leicht bitter.

Die Liste der guten Ratschläge ließe sich noch unendlich lange ausführen.

Doch was nützt der beste Tipp, wenn man sich nicht traut auch selbst etwas aus zu probieren, denn die Zwiebel ist wohl eine der Gemüsearten mit unzähligen Variationsmöglichkeiten.

Selbst bei Aversionen gegen diese Knolle sollten Sie die sich bietenden möglichen leichten und milden Variationen einmal ausprobieren.

In den folgenden Anregungen sind deshalb bewusst auch keine konkreten bindenden Mengenangaben und Garzeiten aufgeführt.

Der Autor bevorzugt es eben auch mehr mit dem Daumen und dem Augenmaß zu agieren und bezieht sich dabei aber auf den Bedarf für ein bis zwei Personen ohne deutliches Zwiebel Wohlgefallen.

Sollten Sie aber dem Gemüse nicht abgeneigt sein dann können Sie auch nach Bedarf die Zwiebelmenge erhöhen, entsprechend erhöhen sich logischer Weise auch die nötigen Zutaten etwas.

Die folgenden Rezepte sollen mehr zum Anreiz dienen, sich diesem Universalgemüse und Gewürz in verschiedenen Versionen, trotz leichter Aversionen zu nähern.

Daher sind die Mengenangaben auch nicht direkt bindend, sondern dienen mehr zur Orientierung, wichtig ist und bleibt, seien Sie mutig und finden sie durch ausprobieren ihren eigenen Geschmack daran.

Auch hier heißt es, nur der Versuch und der Mut zu Neuem macht den Meister.

Zwiebel Royal:

1 große Gemüse Zwiebel (Metzgerzwiebel)

1 normale gelbe Haushalts Zwiebel

ca. 50 Gramm Butter

1 Teelöffel Boullionpulver
(oder etwas fertige Brühe)

1 halben Teelöffel Zucker oder Honig
ca. 1 achtel Weiß - oder Rose Wein

Die Zwiebeln schälen und in kräftige, nicht zu feine Ringe schneiden, die Butter in die angewärmte Pfanne geben und leicht zergehen lassen, dann die Zwiebelringe hinzugeben und bei nicht zu strenger Hitze anschwitzen zu Beginn mit Deckel und des Öfteren wenden.

Bevor das Gut in der Pfanne zu trocken wird, die Brühe oder das Wasser mit Pulver in etwa zwei Schüben zugeben, so dass die Ringe kurzfristig sogar leicht köcheln können.

Sobald die Ringe glasig werden und beginnen leicht goldfarbige Ränder zu zeigen etwas Zucker, so wie eine Prise Salz, zwischen zwei Finger, eben die Menge, die zwischen Daumen und Zeigefinger passen, gleichmäßig überstreuen.

Oder nach Ihrem Geschmack etwas Honig zugeben und wenden, ab jetzt den Deckel nicht mehr benutzen.

Ich bevorzuge aber für Zucker und Honig einen kräftigen Schuss süßen Sprudel, dadurch verringert sich natürlich auch ein wenig die Menge der Brühe.

Jetzt muss man die Ringe im Auge behalten, denn wenn sie anfangen zu karamellisieren, dann das Ganze mit dem Wein ablöschen, ein oder zwei Mal wenden und wenn dann kaum noch Flüssigkeit zu sehen ist, ist der Zeitpunkt sie aus der Pfanne nehmen.

Diese Zwiebelringe bieten sich als Beilage zu Maultaschen aus der Brühe oder zu Kässpätzle und zu Fleischkäse aus der Pfanne mit Bratkartoffel bestens an.

Ganz hervorragend ist diese Zwiebelbeilage auch beim Rostbraten oder Rumpsteak geeignet, wobei man auch mit der Zugabe von mageren Speckwürfel in der Menge und der Konsistenz je nach eigenem Geschmack wieder variieren kann.

Zum Roh essen eignet ist die lange Schalotte und die weiße Zwiebel recht gut.

Auch als Streugut oder auch als dünne Ringe auf Mettschnittchen oder Brötchen sowie auch als Beigabe zu Rindertartar und ähnlichem.

Fein gehackte Zwiebel:

Würfeln leicht gemacht, es ist wirklich keine Hexerei.

Mit dieser Absicht, besonders wenn es schnell gehen soll, haben doch sehr viele Leute so ihre Problemchen, wenn man es eben anders probiert, da können diverse eingeritzte Finger und Nägel eine beredte Aussage machen.

Aber hier gibt es eben eine sehr einfache Lösung, in dem sie die Knolle nach dem Schälen von Oben zur Wurzel hin, die man hierzu noch sichtbar belässt, die Stirnseite wie gewünscht über Kreuz soweit wie Bedarf besteht einschneidet und dann in der gewünschten Würfelstärke und Menge in dünnen Scheiben abschneidet und dann aufstreut.

In jedem Falle sollte von den Knollen jeweils nur gerade die direkt benötigte Menge frisch zum umgehenden Verzehr zugeschnitten werden.

So kann man sich bis zum Boden, Stück für Stück dem Strunk der Zwiebel je nach Bedarf auch zu verschiedenen Zeiten vorarbeiten.

Bunte Zwiebelringe:

Eine je nach Größe auch zwei weiße eventuell auch rote Zwiebeln schälen und in feinere Ringe schneiden.

Dann für etwa eine Stunde in einem dunklen Rotwein marinieren, diese eingefärbten Ringe eignen sich bestens zum Roh essen oder auch als Farbtupfer auf einem hellen Salat.

Wenn man nur Wert auf den farblichen Effekt legt und den etwas schärferen Geschmack nicht scheut kann man auch die rote Zwiebel pur nehmen.

Die Ringe lassen sich auch in viele andere Farben bringen, in dem man sie mit verschiedenen bunten Gewürzpulver jeweils bearbeitet.

Da sind der Fantasie kaum Grenzen gesetzt, aber man sollte auch auf den passenden Geschmack achten.

Aber zur Verwendung als Beilage bei warmen gekochten Speisen die etwas länger gefärbten Ringe ganz leicht in etwas Brühe dann al Dente dünsten.

Wenn sie jetzt meinen eine rote Zwiebel bräuchte man nicht einfärben, da werden sich wundern wie viel Farbe vom Rotwein und vor allem Geschmack sie annimmt.

Bunte Schalotte:

Am besten nimmt man dazu die kleine runde Schalotte, aber auch die längliche Schalotte lässt sich bestens verwenden.

Nach dem schälen in feine Ringe schneiden und kurz in etwas dunklen Rotwein zum einfärben marinieren nach dem abtropfen mit heißer Flüssigkeit, Wasser oder Brühe übergießen und nach dem abtropfen weiterverarbeiten.

Um die leicht glasigen gerade noch lauwarmen Ringe naturbelassenen Ringe dann als bunte Zierde auf Heringssalat, oder marinierte Fischfilets zu geben.

Das Ganze dann mit kleinen geschälten kurz in der geölten Pfanne mit Rosmarin geschwenkten Pellkartoffel oder so genannten ungeschälten Drilling Kartoffeln servieren.

Das ergibt ein delikates Fischessen, wenn man die Marinade entsprechend mit Remoulade oder etwas Kochsahne je nach Gusto eingedickt hat.

In jedem Falle aber dann nicht zu lange in vorbereitetem Zustand lagern.

Bunte Zwiebelringe als essbare Deko:

Ein Büfett ob nun ein großes oder auch ein kleines, lebt von der Vielfalt und der farblichen Betonung, besonders wenn diese Effekte auch noch essbar und lecker sind.

Wenn man als Gag und Blickfang auf einem Büffet gelbe oder orangefarbige Zwiebelringe zur essbaren Dekoration verwenden will, dann lässt sich das mit der weißen Zwiebel und etwas Curry oder Safranpulver erreichen.

Je nach Geschmack können Sie die Zwiebelringe vorher kurz mit etwas heißer Brühe einweichen, sie sollten aber noch ihre volle Stabilität behalten.

Wie Sie schon vorab lesen konnten, wird die Zwiebel durch die Hitzeeinwirkung leicht süßlich, nach dem ganz leichten andünsten die Ringe gut abtropfen lassen oder auf Küchenpapier legen.

Kurz vor dem Gebrauch zur Dekoration dann, am besten mit Hilfe von einem Haarsieb, entweder mit Curry, Paprika oder Safranpulver, je nach Farbwunsch gleichmäßig leicht bestäuben und so nachträglich die gewünschte Färbung herstellen.

Französische klare Zwiebelsuppe:

Eine recht große Gemüsezwiebel reicht für zwei normale Suppentassen, die Zwiebel schälen und in mittel starke Ringe schneiden.

Diese Ringe roh kurz in etwas Weißwein oder hellem Cherry marinieren und wieder ausheben dabei leicht abtropfen lassen und dann mit etwas Butter in einer Pfanne bei mittlerer Hitze leicht glasig dünsten, dann etwas Zucker überstreuen und wenden mit dem Wein oder Cherry von vorher ablöschen.

Achtung jetzt bräunen sie recht schnell sollten sie aber nicht, daher vorher schnell aus der Pfanne in die großen vorgewärmten Suppentassen aufteilen und mit der Kräftigen guten Gemüse oder Rinderbrühe, die ebenfalls mit einem kleinen Schuss Cherry vorher versehen wurde, dann bis kurz unter dem Rand auffüllen.

Die nicht zu fein geschnittenen Weißbrotwürfel in der gleichen heißen Pfanne nach den Zwiebeln zum leichten anrösten einige Male wenden. So dass sie das noch restliche an Fett und den Geschmack der Zwiebeln aufnehmen können und dann ganz leicht angeröstet werden.

Und dann in nur einer Lage auf die Brühe auflegen, man kann auch fertige normale Croutons nehmen, also die Tasse im gesamten auffüllen bis leicht unter dem Suppentassenrand.

Es ist nicht ratsam eine Toastscheibe am Stück oben auf zu legen, da diese mit dem überbackenen Käse zusammen sehr unhandlich auf der Suppe schwimmt und beim Essen mit dem Löffel kaum zu durchstoßen ist.

Dann sogleich gut mit einem würzigen Käse nach ihrer Wahl bestreuen, oder mit vorher zugeschnittener Scheibe vom Käse belegen. Dieser sollte schon etwas würzig sein und das ganze sofort in den gut vorgeheizten Ofen zum überbacken stellen.

Hierzu eignen sich besonders ältere würzige Käse, die Sie aber gerieben auftragen sollten, da in Scheiben diese Käsearten als geschlossene Schicht etwas schwieriger beim Essen zu handhaben sind.

Zum überbacken eignen sich Backöfen und auch Mikrowellen mit Grill Vorrichtung, diese Geräte sollten aber gut vorgeheizt werden so dass die Tasse nicht zu lange im Rohr stehen muss und unnötig aufgeheizt wird und quasi die Suppe nochmals aufgekocht wird. Sobald der Käse sich leicht Goldbraun zeigt sollte die Suppe serviert werden.

Bei der legierten trüben Zwiebelsuppe lässt man die Zwiebeln in der Brühe fast gänzlich regelrecht verkochen und streut einen Hauch Maisgries ein. Kräftiges verrühren nicht vergessen, die Suppe wird dann meist auf einem Teller und mit einem Sahnehäubchen in der Mitte serviert.

Als marinierte Beilage:

Hierbei kann man eine Zwiebel nach seiner eigenen Wahl verwenden, außer der Gemüsezwiebel sie ist etwas zu weich hierfür am besten ist die weiße oder rote runde Zwiebel dafür geeignet.

Nach dem schälen entweder in grobe Würfel oder halbierte mittel starke Ringe schneiden, diese dann mit leichter heißer Brühe übergießen und ein paar Minuten kurz ziehen lassen, nicht ganz glasig werden lassen, vorher herausnehmen und abtropfen lassen.

Nun, leicht abgekühlt dann in eine vorab bereitete Marinade aus Weinessig oder Balsamico und Öl, am besten gutes Olivenöl und etwas grob gemahlenen Pfeffer und einen Hauch von Ingwerpulver oder Muskat einlegen und dann zirka fünfzehn Minuten ziehen lassen.

Diese marinierte Zwiebel mit der Marinaden Brühe wird zum Leckerbissen auf angerichteten reifen, nicht zu dünnen Romadur geschnittenen Scheiben und ähnlichen Käsearten, entweder mit Ciabatta, Toast oder aber mit leckeren goldbraunen Bratkartoffeln dazu gereicht wird daraus ein fürstlicher Genuss.

Dazu passt besonders dann ein zünftiges Bier oder aber auch ein würziger Riesling.

Die gefüllte Zwiebel:

Ein klein wenig Geschick sollte man hier dabei schon haben oder entwickeln, probieren Sie es aus, Sie werden den Bogen schon bald heraushaben.

Eine Aufgabe so richtig geeignet für kreative Küchengeister, die auch gerne mal etwas schwierigere Dinge in der Küche ausprobieren. Denn diese Zwiebelspeise ist wirklich schon etwas aufwendiger in der Herstellung.

Es eignet sich dazu eine große Gemüsezwiebel alleine schon durch ihre Größe sehr gut und weil sie schneller gar wird und nicht ganz so kräftig in ihrem Geschmack ist.

Nach dem Schälen den Boden nur so weit entfernen das die Zwiebel noch einen großen Teil des etwas härteren Kerns von der Wurzelplatte aufweist, also von dem Strunk noch so viel behält, dass sie darauf gutstehen kann.

Dann einen Teil im oberen Drittel der oberen Rundung als Fläche in der Zwiebelspitze flach abschneiden, so das eine sichtbare Fläche sich ergibt und der Hauptteil der einzelnen äußeren Zwiebelringe sichtbar werden.

Nach einem kurzen abbrühen, kurz vor dem glasig werden, versuchen sie nun mit einem kleinen Küchenmesser die innersten Schichten, bis vor den Wurzelkern der Knolle herauszunehmen.

Da gibt es verschiedene Methoden, hier werden nur einige Möglichkeiten angegeben, eigentlich egal wie Sie das bewerkstelligen, Hauptsache Sie behalten die intakten drei oder vier Lagen der äußeren Zwiebelschichten als stabiles füllbares Gefäß.

Und wenn es geht den noch brauchbaren Anteil der ausgedünnten Wurzelplatte, zur Not zum wiederverschließen des Zwiebelbodens.

Eine Version für Könner und Kenner der Materie wäre, in dem man den Innenkern von oben her über Kreuz teilt, dabei darf aber die Bodenplatte der Knolle nicht verloren gehen.

Es sollten aber noch mindestens drei oder vier Schichten als Näpfchen bestehen bleiben, dass kommt natürlich auch ein wenig auf ihren Zwiebelhunger an, je mehr Schichten bestehen bleiben umso intensiver ist auch später der Geschmack.

Wenn das nicht so richtig funktionieren will kann man auch mit einem großen Kernobst Entkerner vom Boden aus durchstechen und den Innenteil herausziehen.

Doch dabei wird nur ein Teil des Innenkerns vorsichtig herausgenommen und man muss nach Bedarf noch etwas durch das entstandene Loch nacharbeiten, um das gewollte Maß der Aushöhlung zu erreichen.

Einfacher ist es in diesem Falle, wenn man den Boden innerhalb vom Wurzelbereich mit dem Küchenmesser dann leicht durchsticht, rund herum in der etwa gewünschten Größe ein und durchstechen, um dann den Innenteil komplett auszuheben.

Dabei ist aber zu beachten, dass genügend Schichten noch bestehen bleiben, lieber durch nacharbeiten den gewünschten Hohlraum herstellen.

Einen Teil des ausgestochenen Bodenteils oder ein Zwiebelteil sollte man dann als Pfropfen wieder im Boden als Verschluss einsetzen, damit die spätere Füllung dann nicht zu leicht auslaufen kann, also den Radius schon vorher entsprechend ausfallen lassen.

Nach ein paar Versuchen werden Sie das schnell herausfinden wie sie ihren Zwiebel Kessel herstellen können.

Ratsam ist es, die ausgehöhlten Zwiebeln bei Bedarf noch mal ganz leicht vorher anzudünsten, in dem man die heiße Brühe für einen kurzen Moment in den Kessel gießt.

Aber nur bis zum maximal leicht glasig werden, damit sie nicht zu lange im Backofen zum richtig gar werden verweilen müssen, was natürlich auch von der vorgesehen, vielleicht vorgekochten Füllungsart und Masse abhängig ist.

Wie Sie sehen gibt es da mehrere Möglichkeiten, Sie sollten aber darauf achten das sie noch gut in ihrer Form und standsicher bleiben, also maximal al Dente sind.

Zudem wird der Geschmack durch das Andünsten auch milder und leicht süßlich, das können Sie durch die Dauer des Dünstens selbst aussteuern, aber so dass die Hülle für die Füllung eben noch standfest genug bleibt.

Als Füllung eignet sich angemachtes Rinderhack bestens, so etwa wie Tartar auch mit Eigelb hier kann man vorab ganz nach seinem persönlichen Geschmack auch mit etwas groben Semmelbröseln versehen würzen und verfahren.

Aber auch ähnliche Füllungen wie bei Auberginen oder Zucchini eignen sich dafür, zum Teil mit verminderter Backwarenbeimischung, aber auch ohne sind hier möglich, wobei Sie das ausgehöhlte Material auch wieder weiterverwenden können.

Als Deckel dann den würzigen Reibekäse und etwas Hollandaise obenauf legen, man kann aber auch eine Scheibe Käse überlappend auflegen.

Dann das Ganze im Backofen am besten in einer nur ganz leicht geölten Auflaufform zum Abschluss garen und überbacken.

Bei mehreren Zwiebeln bietet sich diese Handhabung dann sowieso an, aber so, dass die gefüllten Zwiebeln freistehend in einer Form drapiert werden. Dabei sollte man aber darauf achten das die Knolle nicht zu starker Hitze ausgesetzt wird, sie sollte nicht dunkler als Goldfarbig dabei werden, eventuell zwischen durch auch abdecken.

Zur Not kann man das Ganze vorübergehend auch mit etwas Folie zum Garen und Überbacken eine Zeitlang vorher abdecken oder einhüllen.

Für diese doch recht aufwendige und etwas schwierige Zubereitungstätigkeit werden Sie dann aber mit einem tollen Geschmackserlebnis belohnt, wenn die Beilagen dazu dann auch noch stimmen.

Hier wäre auch eine gute Verwertungsmöglichkeit eines verbliebenen Restes vom Tage vorher möglich und auch passend.

Das Ganze wird zum Beispiel auch als eine Beilage zu einem Curry Reisrand oder Nudelnest, beides in einer Pfanne leicht gebuttert nach ihrem Geschmack und ihrer Vorliebe hergerichtet gerne genommen.

Auf einem Teller mittig angeordnet, passend gewürzt und zubereitet und angerichtet, eventuell mit einer leichten hellen Wein oder Béchamelsoße begleitet serviert.

Wer es etwas herzhafter bevorzugt, kann die gefüllte Zwiebel auch mit krossen Bratkartoffeln umlegt darbieten. Ein leichter knackiger Salat rundet dieses Mahl dann wohl bekommend vollends ab.

Eine Zwiebel hat auch ein wenig Einfluss auf das begleitende Getränk. Was eigentlich etwas erstaunen lässt ist die Tatsache, dass zur gedünsteten und gegarten Zwiebel sehr gut ein Glas Wein sehr gut munden kann.

Wogegen bei rohem Genuss einer Zwiebel in Salaten und als rohe Beilage eher ein Glas Bier besser zur Geltung kommt.

Wie schon erwähnt gibt es ja eine überschaubare Palette an Zwiebeln, die zu jedem Wunschgeschmack passend hergerichtet werden kann.

Beim jeweiligen Variieren sollte man bedenken, dass eine Zwiebel durch erwärmen auch ihren Geschmack verändern kann.

Eine Zwiebel vom Grill:

Eine andere Möglichkeit ist, dass man die gefüllte Zwiebel auch vegetarisch zubereitet, ob dann vielleicht im Backofen oder auch vom Grill.

Die Zwiebel wird wie vorab beschrieben vorgerichtet, im Wasser leicht vorgegart und dann mit der Wunschfüllung aufgefüllt, aber eben ohne Fleischfüllung und Käse oben auf, hier kann man ganz nach seinem eigenen Geschmack eine Füllung eingeben.

Dann in etwas Stanniol komplett eingeschlagen und auf dem Grill nun fertig gart, aber dadurch wird sie eben auch nicht überbacken.

Den richtigen gewünschten Garpunkt können Sie mit einem Spießchen feststellen, wenn der Wiederstand dann nur noch ganz gering ist, können Sie mit dem endgültigen Teller vorbereiten beginnen.

Diese Version lässt sich hervorragend mit einer Tomatensauce und Ciabatta servieren. Diese Speise lässt fast alle Geschmacks und Würzrichtungen zu, dazu dann einen frischen knackigen Salat servieren.

Geschmorte Perlzwiebel:

Sie eignen sich hervorragend zu gebratenem Fleisch oder Geflügel, als Beigabe zu Reis oder Püree, dazu nehmen Sie kleine weiße oder etwas größere Perlzwiebeln, etwa vier bis sechs Stück pro Person.

Weitere Zutaten sind 3 EL Olivenöl, 3 EL Rotweinessig, eine kleine Prise Salz, 1 TL Zucker, 2 Lorbeerblätter, circa sechs kleine Rosmarinzweige, gute 2 EL Rosinen, 1 TL Balsamico - Essig und schwarzer Pfeffer.

Die schwierige Prozedur des schälen kann man vereinfachen in dem man nach dem spärlichen entfernen der Wurzel dann nur die getrocknete Spitze abschneidet, so dass die Zwiebel später beim Schmoren noch seine Form behält.

Dann die Zwiebeln mit heißem Wasser übergießen, nach einer Minute ziehen lassen, lassen sie sich bestens schälen.

Die Zwiebeln dann flach einlagig in einen Topf mit dem Öl geben, fünf bis acht Minuten leicht braten lassen. Den Topf zwischen durch ab und zu schwenken, damit die Zwiebeln rundum schmoren und Farbe bekommen.

Dann erst Wasser zugeben bis die Zwiebeln fast bedeckt sind, Essig, Salz, Zucker, Lorbeerblätter, die Hälfte Rosmarin und die Rosinen zufügen.

Den Deckel nicht ganz geschlossen auflegen und das ganze rund zehn Minuten köcheln lassen, danach dann mit etwas erhöhter Hitze ohne Deckel über rund zwanzig Minuten fertig garen.

Den Topf immer wieder mal schwenken oder ganz vorsichtig umrühren damit die Zwiebeln nicht schon im Topf zerfallen, bis die Zwiebeln dann glasig sind, sie sollten sich bei einer Stichprobe weich anfühlen, aber dass sie im inneren noch al Dente sind.

Die Schmorflüssigkeit ergibt nun eine dunkle eingekochte Sauce, das Ganze dann mit dem Balsamico - Essig und Pfeffer leicht abschmecken und mit dem restlichen Rosmarin garniert zu dem separat vorbereiteten Fleisch und Beigaben servieren.

Diese Beilage dann zu einem hellen Braten mit krossen Bratkartoffeln ist nicht nur eine Augenweide.

Die Zwiebel als Füllung:

Bevorzugt zum Fisch, Doraden oder derartige fleischige Fische, die sich zum Backen im Backofen oder auch grillen eignen, aber auch bei diversen Fleischspeisen.

200 g rote Zwiebeln, / 2 EL Olivenöl,
1 fein gehackte mittelgroße Knoblauchzehe,
1/8 Liter. Weißwein,
1 EL Honig, eine Prise Salz und Pfeffer,
1 EL frische oder getrocknete Majoran Blättchen,
 nach Wunsch auch ein wenig vom zerbröselten alten Brötchen.

Zubereitung:

Zwiebeln schälen, halbieren und in dünne Spalten teilen oder in Scheiben schneiden, das Olivenöl in einem Topf oder Pfanne erhitzen, bis es sich sichtlich im Gefäß bewegt, die Hitzezufuhr leicht verringern und dann den Knoblauch darin angehen lassen und danach die Zwiebeln hinzufügen.

Einige Minuten dünsten, glasig werden lassen, mit Salz und Pfeffer würzen und dann mit dem Weißwein ablöschen. Den Honig zugeben und die Flüssigkeit nun leicht einkochen, nach dem Reduzieren dann etwas abkühlen lassen, bei Bedarf mit etwas groben Semmelbrösel eindicken, sodass eine festere Konsistenz erreicht wird.

Für den Fisch:

Die Fischhaut nach dem korrekten Abschuppen auf beiden Seiten zwei oder dreimal über fast der ganzen Breite, vom Rücken zur Bauchöffnung, über fast der gesamten Breite leicht schräg quer leicht einritzen ohne dass der Fischkörper zu stark und tief eingeschnitten wird.

Was mit einem scharfen Steakmesser, durch den Sägeschliff bestens gelingt und dann von außen leicht salzen und auch innen ganz leicht mit etwas Salz und Pfeffer würzen und dann die vorbereitete Masse einfüllen.

Den Bauchraum dann, wie bei einer Roulade mit kleinen Spießchen oder mit ein oder zwei Fadenverschlüssen verschließen.

Oder auch den Fisch mit Serano Schinken einwickeln damit die Füllung nicht mehr auslaufen kann, wobei aber auch die krosse Außenhaut verhindert werden kann.

Viele bevorzugen aber auch die südliche Variante in dem man in den Bauchraum neben den gewaschenen frischen ganzen Petersilienstängeln, zwei, drei Zwiebelspalten und einige Knoblauchzehen hineinlegt.

Für die Schweineroulade:

Pro Person ein übergroßes dünn geschnittenes Schnitzel als Roulade auswählen, innen mit etwas Senf leicht bestreichen mit Salz und Pfeffer leicht würzen und mit zwei Streifen vom leicht gegartem Frühstücksbauchspeck auslegen.

Die Füllmasse (wie vorab beschrieben) vor dem gänzlichen Einkochen etwas eindicken durch untermischen von groben Semmelbröseln oder Semmelwürfel zu einer etwas festeren Konsistenz mischen.

Die Zwiebelmasse im ersten Drittel der Roulade als kleinen gut fingerdicken Wulst quer zur Einrollrichtung auf ganzer Breite aufbringen und dann ohne Druck auszuüben einrollen, dabei aber einen oder zwei dünne Scheiben von der Gewürzgurke nicht vergessen.

Die Roulade entweder mit Garn oder einem entsprechenden kleinen Spießchen beidseitig verschließen und zum Anbraten direkt auf die Naht, dem Fleischrand legen.

Das Ganze dann kräftig von allen Seiten in etwas Öl anschmoren, um dann eine schöne geschmackvolle Sauce erstellen zu können. Wenn Sie aber Zwiebelringe als Teil der Füllung bevorzugen, sollten Sie diese kurz vorher in etwas heißer Brühe geschmeidiger werden lassen.

Zwiebelkuchen mit oder ohne!

In verschiedenen deutschen Landstrichen wird ein Kuchen mit Zwiebeln hergestellt, entsprechend unterschiedlich sind auch die Varianten dieses Kuchens.

Mit oder Ohne bedeutet zu gleich zweierlei, entweder mit oder ohne Speck oder Kümmel, aber ich bevorzuge ihn deutlich mit beidem.

Als einen traditionellen festen Bestandteil der landesüblichen Machart liegt im eigentlich Schwäbischen Bereich, dort hat der Zwiebelkuchen seine Hochkonjunktur wenn es neuen Wein gibt, also ist die Herbstzeit zugleich auch Zwiebelkuchen und Neuer Wein Zeit.

Man findet daher Zwiebelkuchen außerhalb dieser Jahreszeit nicht mehr ganz so oft in der Öffentlichkeit vor, was aber nicht heißen soll das man ihn nicht trotzdem machen und auch essen kann.

Denn schmecken kann er auch ohne neuen süßen Wein da mundet auch ein frisches Bier, der Schwabe bevorzugt zumeist aber den Räßen Wein, das ist der schon etwas fortgeschrittene, fast gegorene aber noch leicht noch trübe neue Wein.

Was man dazu benötigt:

Für den Teig: 300 g Mehl und 30 g Hefe
100 g Schmalz, 1 Ei und
etwa viertel Liter gut Handwarmes Wasser

Für den Belag, 1 kg gelbe Haushaltszwiebel
250 g durchwachsener Bauchspeck
5 Eier, Salz und Kümmel,
1 viertel Liter saurer Rahm
etwas Butter

Aus dem Mehl, Ei, Hefe, Wasser, eine kleine Prise Salz einen lockeren Hefeteig zubereiten und abgedeckt gehen lassen. Wenn der Teig aufgegangen ist, werden die Zwiebeln zubereitet, nach dem schälen nun in feine Streifen oder in nicht zu groben Würfel geschnitten.

Viele mögen keinen Speck im Zwiebelkuchen, dann kann man ihn auch einfach weglassen. Ansonsten den Bauchspeck in kleinere Würfel schneiden, den Speck in einer großen Pfanne auslassen, vor dem Kross werden, sollten sie in ein Sieb zum Abtropfen aus der Pfanne gehoben werden.

In das ausgelassene Fett werden dann die Zwiebeln mit einem Stich Butter gegeben und darin dann glasig gedünstet, wenn sie dann al Dente sind, aus der Pfanne heben und zu dem ausgelassenen Speckwürfeln geben, etwas Kümmel nicht vergessen.

Die Eier mit dem Rahm, einer Prise Salz und dem Kümmel würzen und gut verrühren. Den Hefeteig in eine gebutterte Form geben, den Boden gleichmäßig auslegen und einen kleinen Rand am Form Rand ausbilden.

Nun die Masse aus Zwiebel und Speck gut gemischt auf den Teig ein bis maximal zwei Finger stark gleichmäßig verteilen und dann mit der Eiermasse übergießen.

Zum Abschluss vielleicht noch etwas Kümmel obenauf darüber streuen und einige Butterflöckchen verteilen, das verleiht eine besondere Würzung, den Kuchen dann im vorgeheizten Backofen bei mittlerer Temperatur circa 30 Minuten goldgelb backen.

In einer anderen Version kann man statt des Hefeteigs auch einen leicht gesalzenen Buttermürbteig nehmen, mit dem man die Form dann gleichmäßig dünn auslegt, aber hier dann die Füllung nicht so üppig ausfallen lassen.

Der Zwiebelkuchen wird bevorzugt noch leicht warm frisch aus dem Rohr mit neuem Wein dazu, gegessen. Er mundet aber auch ohne neuen Wein und Most, auch dann, wenn man ihn nach Bedarf, später am besten im Mikro kurz aufwärmt.

Diese schwäbische Spezialität gibt es auch in diversen Abarten mittlerweile in vielen Landstrichen.

Althergebrachtes lässt sich auch verändern!

Auch eine einfache schwäbische Spezialität, ein Leckerbissen für die Kenner regionaler Genüsse, die Maultaschen, ob nun mit oder ohne Fleischzusatz als Füllung mit Zwiebelschmälze lassen sich mit etwas Raffinesse zu einem echten Gaumenschmeichler verwandeln

Wenn man bedenkt das ein Stück Fleisch ohne raffinierte Beilagen und Zutaten eben doch nur ein Stück Fleisch ist und bleibt, dann kann man erst richtig verstehen das ein ganz normales Essen mit etwas Pfiff zu einem echten Genuss werden kann.

Auch manchmal recht einfache vielleicht auch etwas ungewohnte Zutaten geben eben die nötigen unerwarteten Geschmackswendungen und Erlebnisse.

Über ein Alltagsgericht Maultaschen aus der Brühe denkt kein Schwabe auch nur einen Moment nach, sie ist halt so wie sie seit Generationen ist. Doch wenn auch einer da schon mal was anderes ausprobiert hat wurde es einfach abgelehnt, denn was der Bauer nicht kennt, isst er ja auch nicht.

Bei Maultaschen, diese Herrgottsbescheißerle, wie sie früher gerne auch mal bezeichnet wurden, ob nun mit oder ohne Fleischanteil, gekauft oder selbst hergestellt das spielt im eigentlichen überhaupt keine Rolle.

Dieser scherzhafte Namen Herrgottsbescheißerle soll sogar in klösterlichen Gemäuern einmal entstanden sein.

Denn ein Fleischverliebter Mönch wollte auf diese gewisse Zutat auch an den bestimmten Fleischlosen Tagen, wenn dann die Maultaschenfüllung nur aus pflanzlichem Bestand, einfach nicht verzichten, so wurde die Fleischzutat, besser gesagt der Bauchspeck von ihm recht fein gehackt in die Maultaschen Füllmasse eingebracht.

Natürlich mit der verschmitzten Begründung, dass wenn der Herrgott die fleischliche Zutat nicht auf dem Teller sieht, es ihn ja auch nicht stören kann.

Ob nun mit oder ohne Fleisch, sie bekommen auch zusätzlich den gewünschten besonderen Geschmack durch die Gehalt und geschmackvolle Brühe in der sie vor dem verspeisen aufgebrüht werden.

Wenn dann noch die kleine Beilage der richtig und geschmackvoll gedünsteten Zwiebeln die richtige Abrundung geben, wird aus einem in früheren Zeiten Armeleuteessen ein echter Leckerbissen.

Für zwei Personen benötigt man nur eine normale große Haushalts, oder eine Gemüsezwiebel und etwa 125 Gramm gewürfelten Bauchspeck. Die weitere Handhabung ist wie bei der Zwiebelversion Royal schon beschrieben.

Nur nicht ganz so kräftig andünsten und anbräunen und bei der Halbzeit der Zeit zum Dünsten mit einer kleinen Portion frischen, jeweils einige Zentimeter langen Stängel von der Spitze frisch abgezupften Estragon Blättchen und Rosmarintrieben mit dem Wiegemesser oder recht scharfen Messer grob zerkleinert anreichern.

Das gekonnte und gewollte Zusammenspiel der verschiedenen Komponenten ergibt dann ein wirklich beeindruckendes Geschmackserlebnis.

Ob die Brühe, die Zwiebeln, die Maultasche selbst, keine dieser Komponenten sollte hierbei die Überhand gewinnen, dann ist der Idealpunkt in der Abstimmung und des Geschmacks getroffen.

Natürlich gibt es auch noch unzählige andere Variationen der Zwiebelanwendungen und auch schon Mal etwas exotisch anmutende Versionen der Variationen der Verwendung von dieser manchmal zu Unrecht verkannten Kulturpflanze.

Alle der vielen Möglichkeiten im Detail aufführen überlassen wir doch lieber den spezialisierten Fach- und Sachbüchern und den etablierten Kochgurus.

Dieses Brevier soll eigentlich auch nur dazu beitragen die stellenweise bei einigen Zeitgenossen deutliche Aversion gegen dieses Gemüse und Gewürz etwas abzubauen.

Bei dem Einen oder Anderen auch etwas mehr Interesse zu wecken und vielleicht doch noch die Ablehner vielleicht eines Besseren belehren zu können, denn der Geschmack ist fast für jeden Gaumen angenehm beeinflussbar, man muss es nur ausprobieren.

Wie Sie aus den Ausführungen ersehen konnten gibt es unzählige Möglichkeiten mit der Knolle ganz nach seinem eigenen Gusto zurecht zu kommen.

Den eigenen Geschmack an etwas finden ist eigentlich gar nicht so schwer, man muss nur einfach auch einmal etwas ausprobieren.

Probieren Sie es einfach einmal aus, vielleicht gelingt Ihnen sogar eine neue Kreation, ich wünsche Ihnen viel Spaß und guten Genuss mit der Knolle.

Lauch ist auch ein Zwiebelgemüse!

Mit der Lauchpflanze auch Porree genannt hat man in der Küche das mildeste Zwiebelgewächs und eine recht vielseitige Gemüsepflanze die als Beilage in heller Soße zu Salzkartoffel und einer Frikadelle dazu, oder als eine Quiche mit Schinken oder als Gratin sowie als Suppe eine gute hervorragende Figur macht.

So Mancher gibt diesem vielseitigen Gemüse schon viel zu früh den Abschied, da er eine unliebsame Begegnung mit dem knirschenden Sand zwischen den Zähnen hatte.

Doch das kann man recht einfach vermeiden in dem man die Porree Stangen erst von den äußersten Blättern, wenn sie nicht mehr ganz frisch erscheinen befreit, auch die Spitzen sollte man entsprechend kontrollieren und kürzen.

Die Porree Stange jetzt an dem eindeutig geschlossenen hellgrünen nicht in dem weißen Bereich teilen, dann der Länge nach trennen oder einmal durchschneiden.

An der offenen Schnittstelle lässt sich schon erkennen ob in den sich dann deutlich abzeichnenden Ringen eventuell Sand zu finden ist, nach Bedarf dann noch ein oder zwei etwa fingerdicke Scheiben mehr abschneiden.

Dann die abgetrennten Lauchblätter einzeln auf der Innenseite wo sich das Blatt natürlich teilt und spleißt der Länge nach bis zur Schnittstelle einritzen und dann jeweils unter fließendem Wasser kurz, aber kräftig abspülen.

Bei besonders dicken Stangen am besten aber nur bis zum weißen Teil, nicht bis zum Wurzelansatz einschneiden, das bietet sich besonders an, wenn man das Gemüse mehr in rund drei Zentimeter lange dünne Stäbchen verarbeiten möchte.

So kann man praktisch, wenn es nötig erscheint Blatt für Blatt kontrollieren, so kommt man auch dem ganz versteckten Sandkorn auf die Spur und hat den Porree doch noch als eine kompakte Einheit handlich zur Weiterbearbeitung.

Es ist nicht besonders ratsam das Gemüse erst nach dem Zerkleinern in etwa Fingerdicke Ringe oder Stäbchen zu waschen.

Da dabei sonst die wichtigen Nährstoffe und Vitamine verloren gehen, die aber dieses Gemüse eigentlich erst richtig kostbar sein lässt. Diese sorgfältige Vorarbeit ist im Prinzip bei allen möglichen Anwendungsarten des Lauchs gleich.

Da der bevorzugte Anbau eben ein recht sandiger Grund sein sollte und die Natur eben durch Regen und Wetter schon dafür sorgt das in den einzelnen Lagen der Pflanze sich störender Sand einfinden kann.

Bei dem Lauch als Beilage zu Kartoffel ist bestens eine leicht würzige helle Soße angesagt und Hackbraten angeraten.

Zu den Lauchspeisen passt im Allgemeinen am besten ein trockener Riesling, ob in der Masse oder auch als begleitendes Getränk.

Schottische Lauchsuppe:

Diese bei uns weniger bekannte Cremesuppe wird mit einem Fond von Hammel (ein Stück zum Kochen) und Wurzelgemüse (Sellerie, Möhren usw.) angesetzt und kräftig durchgekocht.

Diesen Ansatz passieren, also durch ein Sieb abgießen, da ja noch kein Gewürz zugegeben wurde, lässt sich diese Brühe auch auf Vorrat herstellen.

Die Brühe zum Gebrauch leicht aufkochen und dann mit Sahne und Eigelb legieren, zur Not kann man auch ein wenig Maismehl zur Bindung genommen werden, nachdem Sie die Brühe nun leicht sämig erstellt haben, ziehen Sie als Beilage die vorab gedünsteten leicht bissfesten Lauchscheiben oder Würfel unter.

Es steht Ihnen frei ob Sie den geschnittenen Lauch in Olivenöl in der Pfanne dünsten oder das Wassergaren bevorzugen in beiden Versionen sollte das Gemüse aber noch leicht bissfest bleiben.

Wobei zu beachten wäre, dass das Grün je dunkler eben auch umso fester in der Konsistenz und im Geschmack sich herausstellt, so ergibt sich von selbst das man die Probe der Garung mit den dunkleren Stücken macht.

In jedem Falle unterscheidet sich nicht nur gering der Geschmack zwischen dem direkten Blattwerk und dem helleren Körper der Lauchpflanze.

Wogegen wenn man bei einer anderen, bei der Pfannenversion noch mit einer kleinen feingeschnittenen Zwiebel und einigen Bauchspeck Würfeln einen gänzlich anderen Geschmack erzielen kann, zum Ablöschen dann mit einen kleinen Schuss Weißwein dem Geschmack auch noch nachhelfen kann.

Bitte sich, besser gesagt dem Gemüse, nicht einen besonders üppigen Schuss gönnen, das würde dem Geschmack in dieser Richtung einen zu großen Raum geben.

Es soll nur als kleine Unterstützung dienen und noch einen besonderen Tatsch geben kann. Nun noch nach Ihrem Geschmack das Ganze würzen und mit einem kleinem Sahnehäubchen servieren.

Gratin mit Lauch:

Als Daumennorm nimmt man zwei kleine Frühlingszwiebeln auf eine große Stange Lauch für eine feuerfeste Form in der Größe etwa 25 X 20 cm, plus circa 100 Gramm gekochten Schinken oder Bauchspeck, außerdem 250 Gramm Quark und ca. 50 Gramm geriebenen Goudakäse.

Die Zwiebeln und den Lauch putzen und waschen, den Lauch der Länge nach einschneiden und in feine halbe und die Zwiebeln in feine Ringe schneiden.

In einer Pfanne ca. 2 Esslöffel Olivenöl, beim Speck etwas weniger, erwärmen und den Speck oder Schinken leicht anbraten. Dann die geschnittenen Zwiebeln und das Lauchgemüse zugeben und unter gelegentlichem Wenden etwa eine gute viertel Stunde dünsten.

Das Gemüse nun kräftig nach eigenem Geschmack mit Salz, Pfeffer, Kümmel, Kurkuma und eventuell edelsüßem Paprika abschmecken und nochmals ein paar Minuten leicht nachdünsten und danach die Masse etwas abkühlen lassen.

Inzwischen den Quark mit zwei Eiern, etwas Mehl und der Hälfte vom Käse verrühren. Dann die Lauchmasse zu der Quarkmasse geben und gleichmäßig verrühren, das Ganze nochmals abschmecken.

Beim Salzen sollte man vorsichtig ans Werk gehen, da der Schinken oder der Speck ja unter Umständen schon reichlich beisteuern kann.

Die Auflaufform leicht ausbuttern und den Backofen auf 180 Grad vorheizen. Das Gratin nun mit dem Rest des Käses und ein wenig Sesamsamen bestreuen und circa 45 Minuten goldbraun backen.

Bedenken sollte man je nach Technik wie Ober, Unterhitze oder Umluft das der Bräunungsgrad dadurch recht unterschiedlich sein kann.

Wenn nötig einfach in der halben Zeit die Temperatur um vielleicht zwanzig Grad verringern, denn zum fertig garen wird schon eine gewisse Zeit benötigt.

Zum Servieren sollte das Gratin dann eine angenehme helle goldbraune Färbung haben.

Wenn man als Beigabe einen frischen knackigen Salat dazu wählt, ist ein leckeres Mahl angesagt.

Lauchquiche:

Hier kann man sagen, es ist eigentlich eine andere Art, vom schwäbischen Zwiebelkuchen.

Für den Mürbeteig benötigt man:

Rund 200 Gramm Mehl und ein Ei,
ein Viertel Pfund kalte Butter
und eine Prise Salz.

Für die Füllung benötigt man:

zwei große gewaschene Lauchstangen,
ca. 400 g, sowie vier mittelgroße rote Zwiebeln
und ca. fünf Eier
und ca. 200ml Sahne.

Für die Teigzubereitung das Mehl auf eine Arbeitsfläche streuen und die Zutaten in die Mitte in einer kleinen Mulde vom Mehl geben und dann kräftig und gut unterkneten und dann für knapp eine halbe Stunde kaltstellen.

Für die Füllung die Porree Stange über Kreuz der Länge nach einschneiden und dann in gut zwei Zentimeter lange Stücke schneiden, dadurch ergeben sich kurze Lauchstreifen oder Stifte. Die Zwiebeln nach dem schälen halbieren und in dünne Scheiben schneiden.

Den Porree und die Zwiebeln in der Pfanne mit Butter oder etwas Olivenöl anschwitzen, unter gelegentlichen wenden leicht glasig werden lassen, hier ist auch wieder der Garzustand al Dente gewünscht und dann beiseite stellen um den Pfanneninhalt erkalten zulassen.

Die Eier mit der Sahne in einer Schüssel leicht schaumig verrühren und mit Salz, Pfeffer und Muskat würzen, dann die abgekühlte Masse unterrühren und auf dem Mürbeteigboden gleichmäßig verteilen.

Man gibt den ausgerollten Teig in eine nur leicht ausgebutterte Kuchenform, am besten eignet sich hier eine so genannte Springform, mit einem etwa zwei Zentimeter hohen Rand und lässt bei ca. 175 Grad auf mittlerer Schiene das Ganze etwa vierzig Minuten backen.

Man kann diese Quiche als Hauptgericht mit einem Blattsalat oder als Kleingericht oder Imbiss servieren, nicht vergessen ein guter Riesling passt dazu hervorragend.

Lauch in der normalen Küche:

Lauch oder auch Porree genannt in einer hellen Soße mit Salzkartoffel mit Frikadellen, ist ein recht nahrhaftes und besonders schmackhaftes Essen.

Hier sind verschiedene Saucenmöglichkeiten gegeben, entweder eine normale weiße Mehlschwitze, eine Béchamelsauce oder auch eine Weißweinsauce, sowie eine Buttersauce.

Wie Sie sehen, können Sie hier ganz nach ihrem Belieben handeln, sinngemäß halte ich es wie beim Kohlrabi, es lohnt sich hier auch mal ein wenig auszuprobieren.

Den Lauch, etwa 200 - 250 Gramm pro Person wie schon vorab erklärt waschen und der Länge nach geteilt und in Halbscheiben ca. gut zwei Zentimeter stärke schneiden.

Dann im Anschluss mit zwei normalen zerkleinerten Zwiebeln in einer Pfanne dünsten, zum Abschluss mit einem kleinen Schuss Wein ablöschen.

Der Lauch sollte aber noch bissfest sein und dann in die helle Sauce nach ihrer Wahl geben und nach ihrem Geschmack würzen und abschmecken.

Achten Sie darauf, dass reichlich Sauce vorhanden ist, denn dieses Essen braucht reichlich gut gewürzte nicht zu stark gebundene Sauce.

Die halbierten Salzkartoffeln auf dem Teller als kleiner Fächer auf dem Teller seitlich anordnen und das Lauchgemüse als Gegenpol daneben hinzugeben.

Die kross gebackene Frikadelle, die wiederum ganz nach ihrem eigenen Geschmack ausfallen kann, dann als kleine Krönung oben auflegen.

Eine ebenfalls köstliche Variante ist das Lauchgemüse in Butter leicht geschmort, als Beilage oder auch veganes Hauptgericht.

Wie man sieht auch die Lauchpflanze kann in vielen verschiedenen Gemüsegerichten gebraucht und angewendet werden.

Lauch geschmort:

Die Vorbereitung, wie das waschen und zerteilen in Scheiben wie schon vorab beschrieben vornehmen. Der weitere Zubereitungsvorgang ist vollkommen identisch wie bei der Zwiebel Royal.

Auf eine Porree Stange etwa 250 Gramm für eine Person, benötigt man eine normale mittelgroße Haushaltszwiebel.

Diese nach dem schälen in feine Halbscheiben schneiden und in dem kräftigen Stich Butter in einer geräumigen Pfanne bei mittlerer Hitze andünsten.

Dann das geschnittene Lauchgemüse hinzufügen und bei nicht so starker Hitze abgedeckt und gelegentlichen wenden bis zum Al Dente garen.

Sofern vorhanden frische Kräutergewürze, wie Rosmarin, Thymian, Estragon fein behackt maximal zwei TL und etwas Salz runden den Geschmack vollendet ab.

Dazu bieten sich grobe Bratkartoffelwürfel, sowie Fleisch Klopse oder gebratene Putenstreifen an.

Botanisch Allium Chepa, die Zwiebel!

Ist die im normalen Sprachgebrauch bekannte Küchen oder Speisezwiebel oder Knolle.

Sie unterscheiden sich noch in die Begriffe Winterlauch, Sommerperl und Steckzwiebeln sie werden als eine die seit alter Zeit her einjährige Speise und Gewürzpflanze genutzt.

Zweijährig treibt sie einen langen Blütenstiel mit einer weißen bis lilafarbige Blüte.

Dann gibt es noch den Allium Porrum, den Lauch oder Porree, sie gehören auch zu den Küchengemüsen als direkter Verwandter der Speisezwiebel.

Zudem gehört auch die Allium-Satívum zu der Familie der Lauch und Zwiebelpflanzen, die man besser als den Knoblauch kennt, der fachlich auch als Spaltlauch benannt wird.

In einer Kurzbeschreibung lässt es sich so auslegen das die Zwiebel genau genommen mehr als ein Gemüse zu benennen und der Knoblauch eher als ein Gewürzmittel zu bezeichnen ist.

Nicht zu verwechseln mit einer normalen Allium Zwiebel, denn das sind Blumenzwiebeln und nicht immer ganz ungiftig und auch nicht gesundheitsfördernd.

Knoblauch, sehr heilsam!

   Wogegen der Knofel, oder Knoblauch eine wahre echte
Gesundheitspflanze ist. Schon in der Antike wurde dieser Pflanze
wahre Wunder zur Genesung nachgesagt.

Diese Knolle wird eigentlich nur wegen ihrem besonders ausgeprägten Geruch nach dem Verzehr von vielen Personen, die nicht gleich Jedem den Genuss dieser Knolle auf die Nase binden wollen, gemieden.

Unbestritten ist sie aber ein sehr wichtiges Würzmittel in vielen Speisen und bei recht vielen Fleischspeisen und bei Fisch schon fast unverzichtbar.

Aber ein wenig sollte es dann doch auch sein, denn in Maßen in kleiner Dosierung genossen fällt auch der Duft danach nicht so gravierend aus.

Als Geheimtipp nach dem Verzehr von frischem Knoblauch gegen den unerwünschten Geruch werden diverse Rezepte wie Milch trinken, frische Petersilie essen und noch manch andere angebliche Erfolgsrezepte genannt.

Doch genau genommen hilft eigentlich nur etwas sparsamer mit dem Gewürz umgehen und als Gegengewicht eine Scheibe Ingwer ins Essen zugeben damit nicht der Duft und die Wirkstoffe des Knoblauchs übermäßig über die Blutbahn transportiert wird und somit nicht für Jedermann so ruchbar wird.

Man muss ja nicht unbedingt gleich so gewaltig dieser Pflanze zusprechen das man es aus sämtlichen Knopflöchern riechen kann. Denn der Duft wird nicht nur über den Atem, sondern auch durch die Poren der Haut abgegeben.

Wer seinem Kreislauf und auch dem Herz aber recht viel Gutes tun will, kommt um diese Knolle kaum herum, denn was die Zwiebel für die Verdauung und dem Magen ist, ist der Knoblauch für das Herz und für den Kreislauf.

Aber ein wirklich hilfreicher Tipp wäre, wenn man nicht auf die heilende Kraft des Knoblauchs verzichten will, dann beim Morgen oder Abend Essen eine mittelgroße Knoblauchzehe wie eine Tablette mit der Speise unzerkaut hinunterschlucken.

Aber einmal darauf gebissen ist der Genuss schon nicht mehr zu verbergen, denn die Mundschleimhaut offenbart sofort das verspeisen dieser Zehe.

Doch die kleinere Zehe, etwa in der Größe des kleinen Fingernagels, ganz wie eine Tablette mit etwas Speise hinunter geschluckt landet sie direkt im Magen.

Der menschliche Körper nimmt dann aber nur so viel von den Wirkstoffen und ätherischen Ölen auf wie er benötigt, der Rest wird wieder fast unbemerkt ausgeschieden.

Aber auch hier gilt nicht die Menge auf einmal macht was im Sinne der Gesundheit aus, sondern eine gleichmäßige kleine Dosis. Als medizinischer Rat wird eine Zehe täglich als richtige Dosis bezeichnet.

Wenn Sie den Knofel als ganze Zehe verzehren wollen, sollten die Schnittstellen beim Schälen nicht zu üppig sein, damit die Zehe so gut wie möglich noch abgekapselt in den Magen gelangen kann.

Auf diese einfache Art können Sie ihrem Körper doch sehr viel Gutes tun, ohne gleich die gesamte Umwelt daran teilhaben zu lassen.

Sollte trotzdem wieder erwarten noch etwas riechbar sein, können Sie immer noch mit den diversen bekannten Möglichkeiten dagegen an gehen. Aber wie es bei den Haushalt und Geheimtipps so ist, nicht immer hat man gleich den gewünschten Erfolg.

Am besten Sie verzehren eine Zehe Knoblauch immer, ohne darauf zu beißen und erst dann, wenn Sie wissen, dass Ihnen ein Gegenüber nicht allzu nahekommen kann.

Wer hat noch nicht in südlichen Urlaubsgefilden von gedünstetem Knoblauch in Olivenöl in den Speisekarten gelesen.

Auf diesen Genuss verzichten sehr viele, weil man eine leichte Aversion gegen alle Art von Lauchgemüse und somit auch zum Knoblauch hegt.

Es lohnt sich diesen köstlichen ungewohnten Geschmack mal auszuprobieren, denn im Urlaub stört der leichte Knofelgeruch ja auch nicht unbedingt.

Knoblauchgenuss aus der Pfanne:

Für alle die nicht so stark darauf achten müssen oder wollen und wenn man auch mal so richtig zuschlagen möchte hier eine kleine Anleitung zum ganz großen Knofelgenuss.

Nehmen Sie eine mittelgroße Knolle und brechen Sie diese auf so das alle Zehen einzeln sind, diese in warmes Wasser kurz wälzen dann lassen sie sich besser schälen, anschließend auf dem Küchenpapier wieder trocknen.

Pro Portion rechnet man so um die acht oder zehn mittelgroße Zehen, in einer Pfanne zwei bis drei EL Olivenöl vorheizen.

Wenn das Öl sich bildlich deutlich sichtbar in der Pfanne bewegt, die geschälten Zehen hinzugeben und mit einigen grob gezupften Rosmarin Zweigspitzen so drei, vier Stück und einem Hauch groben Salz bei gemäßigter Temperatur schwenken oder wenden.

Hier sollte man darauf achten das der Hauptaugenmerk auf der Garung und nicht auf der Bräunung liegt, denn bei zu viel Hitze werden sie doch recht schnell zu dunkel.

Mit einer kleinen Stichprobe, mit einem Zahnstocher kann man den eigentlich gewünschten fertigen Garpunkt al Dente feststellen.

Wenn die Zehen beim Garen dann gut Goldgelb werden, muss man aufpassen sie werden dann sehr schnell zu dunkel, jetzt sollte man die Rosmarinspitzen zur Seite schieben oder auch ganz entfernen.

Auf einem Teller drapieren Sie inzwischen einen angemachten frischen knackigen Rucola Salat, darauf legen sie mittig eine frisch getoastete Scheibe Weißbrot oder Ciabatta.

Dann die Knofel Zehen mit dem Öl auf den Toast geben, aber nur so viel vom Öl verteilen, das die Scheibe gleichmäßig damit leicht getränkt wird, noch besser ist es auch, wenn Sie das Brot nur ganz kurz im Öl, aber nicht zu üppig in der heißen Pfanne wenden.

Das Ganze wird dann in Begleitung eines guten Tropfen Rebensaftes genossen.

Auf diese einfache Art bekommen Sie eine vortreffliche und leckere Vorspeise, vorausgesetzt, dass Ihre Gäste für solche Köstlichkeiten auch empfänglich sind.

Die Wunderwirkung,
einer heute fast verachteten Pflanze!

Auch die medizinische Wirkung auf den gesamten Organismus ist nun mal unumstritten.

In vielen medizinischen Abhandlungen wurden daher die Einsatzbereiche von diversen selbsterstellten einfachen Zwiebelprodukten seit unzähligen Generationen schon erwähnt.

Schon in alter Zeit, zur Antike wusste man also schon mit der scharfen Knolle viele Wehwehchen zu lindern, besonders als warme Packung bei Leibschmerzen wurde sie gerne eingesetzt.

Oder bei Ohrenschmerzen wurde ein kleiner Beutel mit grob geteilten Zwiebeln aufgelegt, das dann ausströmende Senföl und der Schwefel wirkt hier sehr hilfreich, aber auch als Tee wird und wurde sie verarbeitet und verabreicht.

Den Zwiebelsirup kann man recht einfach selbst herstellen, in dem man an mehreren Zwiebeln nur die äußerste Schale und die Wurzel entfernt, geviertelt in knapp einem halben Liter Wasser aufkocht.

Nach dem völligen zerfallen der Knolle, nach etwa dreißig Minuten leichtes köcheln den Sud abseihen und noch etwas reduzierend weiter köcheln lassen, so dass ein etwas dickflüssiger Sirup entsteht.

Da die Knolle ja bei Wärmeeinwirkung selbst schon ins süßliche tendiert braucht es daher nur noch nach Geschmack ein wenig Zusatz an Honig.

Den Sirup nach Bedarf dann entweder leicht verdünnt als Tee und bei hartnäckiger Erkältung auch pur der akuten Verschleimung entgegenwirkend, dann aber leicht trinkwarm einnehmen.

Durch die Vielzahl der gesundheitlichen Wirkstoffe wurde die Zwiebel sogar schon vor gar nicht langer Zeit als die Heilpflanze des Jahres gekürt. Sie hat wirklich viele positive Auswirkungen auf die allgemeine Gesundheit.

Besonders ist da auch die rote Zwiebel roh verzehrt hervor zu heben, sie wirkt blutdrucksenkend und desinfizierend.

Auch bei einer Entwässerung und Kreislauf anregend ist sie sehr hilfreich. Neben den ätherischen Ölen hat sie viele nützliche Mineralstoffe wie Fluor, Magnesium, Kalium und beachtlich viel Vitamin C.

Wenn Sie von einem Stechinsekt, einer Mücke und so weiter heimgesucht wurden und das dann eine beachtliche Schwellung zur Folge hat, dann hilft auch hier hervorragend die bisher verkannte Zwiebel.

Eine dicke Scheibe oder eine kleinere halbe Zwiebel mit der frischen Schnittfläche auf die Stichstelle legen und mit einem Tuch oder einer breiten Binde auf der Stichstelle fixieren und dann desinfizierend und Hautberuhigend eine Zeitlang einwirken lassen.

Man kann schon sagen man hat fast unerkannt ein super Allroundmittel in der Küche, von dem manch Einer aber kaum etwas weiß, oder auch komplett aus seiner Küche verbannt.

Ein alter Spruch sagt es schon recht drastisch und deutlich, dass diese Küchenpflanze besondere Wirkungen besonders auch auf den menschlichen Verdauungsapparat haben kann:

„Hab Sonne im Herzen und Zwiebeln im Bauch,
so lässt sich gut scherzen und Luft hast du auch"

Zwiebel und Lauch aus eigenem Garten!

Der Anbau dieser Kulturpflanzen stellt schon eine Reihe an Anforderungen an den Gärtner, denn sie mag keine Staunässe.

Also braucht sie einen lockeren leicht sandigen Boden, der keine Nässe zurückhält, zudem sollten Sie nicht zu dicht gepflanzt und vor allem Unkrautfrei gehalten werden.

Außerdem hat sie auch natürliche Feinde, Zwiebelfliege heißt der Schädling die oder besser gesagt deren Maden bevorzugen die Zwiebeln als Lieblingsfutter und können bei Befall schon einen gehörigen Schaden anrichten.

Deshalb sollte man die Pflanzen, besonders die Knollen immer wieder mal genau unter die Lupe nehmen.

Alle vier bis fünf Jahre ist es empfehlenswert den Standort, also die Anbaufläche zu wechseln, in dem man die Knollen jeweils dann in einer anderen Ecke des Gartens anpflanzt.

Wenn der Boden zu kompakt und fest ist sollte man etwas Sand vorher einarbeiten, so dass wie schon erwähnt eine sandige leichte lockere wasserdurchlässige Konsistenz erreicht wird.

Die Lauchgemüse Sorten, besser gesagt ihre Knollen wachsen ganz knapp im Erdboden und sind nur minimal im Boden eingebettet.

Darum ist beim Unkraut jäten und Boden lockern darauf zu achten das die Knolle selbst dabei nicht zu tief ins Erdreich versinkt.

Bei der Ernte ist auch darauf zu achten, dass man einen recht trockenen Zeitraum im Spätsommer aussucht.

Dann nach dem ausheben aus der Erde sollten die Knollen noch ein bis drei Tage, auch gern etwas länger schadet nicht, so lange es trocken bleibt, so dass sie auf dem trockenen Boden liegend gut abtrocknen können.

Die geernteten leicht angetrockneten Zwiebeln von Erdresten befreien und dann in Bündel am unteren Ende des Grüns zusammengebunden, an einem luftigen trockenen Ort gänzlich abtrocknen lassen bis das Lauch der Zwiebeln richtig welk geworden ist.

Zum längeren lagern dann die Zwiebeln in mehreren Netzen oder groben luftdurchlässigem Säckchen und eben nicht in zu großen Mengen an einem kühlen und luftigen Ort trocken lagern.

Am besten hängend aufbewahren damit sie guten Luftausgleich haben können, natürlich ohne dass vorher grob entfernte frühere Lauchgrün. In keinem Falle sollten die Knollen in geschlossenen Beuteln, besonders nicht in Plastik aufbewahrt werden, denn sobald sie keine Luft bekommen werden sie weich und matschig, sie verderben dann besonders schnell.

Je luftiger und kühler die Lagerung gestaltet werden kann umso länger kann man auch ein ungewünschtes Keimen vermeiden.

Im Grunde ist die Verfahrensweise auch mit dem Knoblauch nicht viel anders, auch hier wartet man bis das Grün abgetrocknet ist ehe man sie für längeres Aufbewahren auch in Luftdurchlässige Behältnisse gibt.

Nur bei dem direkten Lauchstangen Gemüse und bei den kleineren Lauchzwiebeln, oder Frühlingszwiebeln ist der Verbleib des frischen saftigen Lauchgrüns in jedem Falle ja allemal erwünscht.

Diese Gemüsesorten sollten also immer in frischen Zustand verwendet werden, den Frischegrad kann man sehr gut eben an dem Lauchgrün feststellen.

Ganz frisch sind sie, wenn die Spitzen am Lauch völlig grün sind, aber brauchbar sind sie auch noch, wenn diese Spitzen gelbe Ansätze zeigen, diese werden dann einfach großzügig abgekürzt.

Schnittlauch, ein feines Gewürz!

Kaum eine Suppe bei der, der Schnittlauch nicht eingesetzt werden kann, zu kleinen Röllchen geschnitten gibt frischer Schnittlauch stets ein schönes Bild auf einer hellen Cremesuppe und auch einen guten Geschmack.

Aber auch auf klaren Suppen macht dieses frische Lauchgewürz eine gute Figur und gibt zum Beispiel einer Hühnerbrühe auch eine besondere Note.

Dieses pflegeleichte Gewürz ist frisch schon fast ein Muss in jeder Küche und kann sogar in einem Blumentopf auf einer Fensterbank gezogen werden, deshalb könnte man eigentlich auf getrocknete Versionen verzichten.

Wenn man eine Zeitlang die etwas üppige Pracht der Gewürzpflanze konservieren möchte kann man den Lauch in kleine Röllchen geschnitten auch gleich nach der Ernte und dem zerschneiden in einem kleinen Glas mit Schraubverschluss im Frostfach für eine kurze Zeit zum gelegentlichen Gebrauch aufbewahren.

Den besten Geschmackseffekt hat man aber nur in wirklich ganz frischem Zustand kurz vor dem Verzehr geschnitten und auf dem Essen gestreut, ein Schmalzbrot mit Schnittlauch, Hmmm lecker!

Aber das Glas nur ganz kurz zum Verwenden und der Entnahme aus dem Frost nehmen und gleich wieder im Frostfach versenken, so dass der Inhalt noch nicht einmal antauen kann.

So haben Sie für geraume Zeit immer einen kleinen Vorrat von diesem frischen Suppen und Blattsalatgewürz als Streugewürz zur Hand.

Alle hier genannten Knollengewürz und Lauchpflanzen haben einen sehr hohen Gebrauch und Heilfaktor, der nicht zu unterschätzen ist, wie schon zu Anfang vermerkt, wussten dies auch schon unsere Ur Urvorfahren in Ägypten.

Diese scherten sich damals natürlich noch nicht so sehr darum was andere Personen über seinen Genuss dachten, der mal mehr mal weniger durch seinen Duft recht offenkundig wurde.

Wenn Sie aber die kleinen hier gegebenen Tipps beherzigen und die entsprechenden Möglichkeiten suchen und nutzen brauchen Sie kaum jemandem auf den empfindlichen Geruchsnerv zugehen.

Wenn man diesen „anrüchigen" Aspekt in seine heutige Ernährungsplanungen bedenkt, aber geschickt einbaut und handhabt brauchen man nicht eine Minute auf den offensichtlichen gesundheitlichen Vorteil von auch nur einer Pflanze dieser ganzen großen Palette dieser Gewächse verzichten.

Es ist eigentlich doch sehr schade, dass man nur aus Rücksichtnahme auf empfindliche Nasen seiner Mitmenschen auf einen so einfach zu erhaltenen Jungbrunnen und Gesundheitsspender verzichten soll.

Doch bedenken Sie, nicht einmalig in Mengen genossen bringen den gesundheitlichen Erfolg, sondern stetig in kleinen Dosierungen genossen halten ihre Gesundheit besser und länger auf einem hohen Niveau.

Grundsätzlich kann man aber allgemein sagen, lieber ein leichtes Duftwölkchen ab und zu verbreiten, als dem Herz und dem Kreislauf die gesundheitliche Hilfe durch den Knoblauch sich versagen.

Genau so kann man den Genuss der Zwiebelvielfalt sehen, denn diese Knolle richtig genutzt hat wesentlich mehr gesundheitliche Vorteile als gravierende Nachteile für Magen und Darmtätigkeiten.

Merke alles mit Maß und Ziel genutzt, bringt viele Vorteile für einen selbst und keiner den man durch einen Verzicht schonen wollte, würde gewiss nicht die Nachteile, die Sie dadurch haben, freiwillig für sie ertragen.

Vor allem, wenn man den Geschmack, den man bevorzugt in der Intensität auch noch selbst bestimmen kann.

Ein tiefer Blick in die Geschichte.

Schon vor über fünf Tausend Jahren in der frühen Antike also kannte man diese Pflanze schon als Gemüse Chepa als Kulturpflanze, es existieren schon bildliche alte Zeichnungen und Darstellungen dieser Gemüsepflanze als Zwiebelbündel von vor über viertausend Jahren.

Pflanzenfunde dieser Kulturpflanze gibt es schon seit über dreitausend Jahre, also eine überaus alte und bekannte Gemüsepflanze. Nicht ganz geklärt ist es bis heute, ob diese Knolle erst als Küchengemüse oder als Heilmittel den Einzug in den antiken häuslichen Gebrauch fand.

Doch in sehr alten Schriften wurde schon von dem gesunden Küchenkraut berichtet. Die ägyptische Zwiebel, die Allium Chepa zählte eben schon von alters her als recht mild und auch zu einem der beliebtesten Gemüse der damaligen Zeit.

Diese Kulturpflanze ließ sich in der sandigen trockenen Gegend auch ohne große Probleme in großen Mengen anbauen. Zudem war es damals schon bekannt, dass sich dieses Gemüse doch recht lange lagern ließ, wenn man auf die richtige Handhabung achtete.

Zu kleinen handlichen zusammengebundenen Bündeln, an einer trockenen, aber auch luftigen Stelle nicht zu dicht hängend gelagert überstanden sie schon beachtliche fast unglaubliche lange Jahreszeiträume unbeschadet.

Die heutige bekannte Vielfalt haben aber zum Teil schon um Fünfzehnhundert unserer neuen Zeitrechnung die Holländer durch ihre diversen Züchtungen erreicht.

Auch die alten Römer haben schon vor dem Anbeginn unserer Zeitrechnung die Allium Chepa, wie auch sie die Zwiebel damals nannten recht vielseitig nicht nur als Gemüse und auch als Gewürzpflanze genutzt, sondern auch schon zu Heilungen als Tee oder für Umschläge genommen.

Deshalb ist auch diese Niederschrift in zwei Hauptthemen indirekt aufgeteilt, ein Teil befasst sich mit den Knollen als bekömmliches Küchengemüse auch als Resteveredler und ein anderer Teil mit der gesundheitlich vielseitig genutzten heilsamen Geschichte der Knolle.

Den hohen Rang dieser, heute stellenweise ein wenig abwertend und missachteten Knolle konnte man nachweislich also auch schon bei den alten Ägyptern sehen, denn die Zwiebel wurde damals sogar auch als Opfergabe an die Götter und auch als Grabbeigaben verwendet.

Selbst der Knoblauch, der auch zu der großen Familie der Lauchgewächse zählt, als naher Artverwandter wurde schon in den uralten Zeiten sehr oft genannt und wurde auch regelmäßig zu der Ernährung und auch besonders in medizinischer Richtung gerne verwendet.

Dem Knoblauch wird schon seit alters her auch mystische Kräfte nachgesagt, denn im tiefsten Altertum wurden stellenweise den Verstorbenen sogar Zehen dieser Knolle in Nasen, Mund und Körperhöhlen gelegt, damit der Tote von bösen Geistern verschont bleibt.

Im späteren Mittelalter wurde ein regelrechter Kult mit dieser Lauchpflanze, vor allem mit dem Knoblauch getrieben, dass selbst in der Neuzeit noch Sagen und Geschichten aus jener Zeit verfilmt worden sind.

Wie man sieht haben die Lauchgemüse Pflanzen, zu denen ja auch der Porree zu zählen ist, schon seit vielen tausenden von Jahren eine sehr hohe Bekanntheit und auch einen recht schwankenden Beliebtheitsgrad, in jedem Falle eine sehr lange Geschichte.

In der neueren modernen Zeit ist die allgemeine Akzeptanz zu den Lauchpflanzen doch etwas gestört, wahrscheinlich aber auch nur wegen den Düften die diese Gemüsepflanzen begleiten und stellenweise als unangenehm empfunden werden.

Doch mit Bedacht und zur richtigen Zeit genutzt lässt sich auch heute noch von den guten Eigenschaften dieser Pflanzengattung ein eben doch gewisser und bekannter Vorteil nutzen. Wer eben weiß wie man mit der Knolle umzugehen hat, damit nicht alle Welt den Genuss sofort bemerkt, kann diesem gesunden Gemüse ruhigen Gewissens auch zusprechen.

Auch in einer Stadtgeschichte ist die Zwiebel ein indirekter Namengeber. Es gibt eben auch kaum eine zweite Stadt, die schon so lange und auch vielfältig mit der Zwiebel in der direkten Verbindung steht.

Im Volksmund werden die Einwohner, besser gesagt die dort geborenen, von Esslingen schlicht und ergreifend auch etwas liebevoll allgemein „die Zwieblinger" genannt.

Diese Bezeichnung ist schon in grauer Vorzeit irgendwann durch eine launige Erzählung einer recht alten Sage als Bestandteil der Esslinger Stadtgeschichte geworden.

Es gab auch einen Narrenverein der sich in und mit ihrem Namen weit über hundert Jahre „KG Zwieblingen" nannte.

Ebenso ein Redakteur der örtlichen Tageszeitung der sich für seine Zeitbetrachtungen und Glossen ebenfalls als „der Zwieblinger" über viele Jahre hinweg bezeichnete.

Seit vielen Jahren gibt es auch die „Zwiebel", ein Werbeblatt und Wochenzeitung für fast alle Stadtteile.

Nicht zu Letzt muss auch eine urige alte Gaststätte, die Zwiebel mitten in der schönen Altstadt und das überregional bekannte jährliche Zwiebelfest dieser mit der Zwiebel engverbundenen Stadt genannt sein.

Esslingen und die Zwiebel!

So mancher wird jetzt denken was hat eine Stadt mit einer Zwiebel direkt zu tun, doch die nachgesagte Verbindung besteht anscheinend schon viele Hundert Jahre.

Obwohl die sehr alte Reichsstadt Esslingen eigentlich eher durch ihren Jahrhunderte alten umfangreichen Weinbau bekannt wurde, was auch durch die unzähligen Weinbau betreibende großen Pfleghöfe und vielen Kloster Dependancen in den langen zurückliegenden Zeiten belegt wird und wurde.

Hier hat sich im Volksmund eine sehr alte Geschichte bis heute aufrechterhalten und der Stadt praktisch ihren Necknamen gegeben und erhalten.

Der wiederum aber einem besonderen noch älteren Gemüse, oder besser gesagt dieser alten Geschichte darum entstammt.

Den effektiven Zeitpunkt der Entstehung einer solch alten Geschichte ließ sich aber bis zum heutigen Tage nicht genau ergründen.

Die Anlehnung an diese alte Geschichte wird schon seit undenklicher Zeit durch Dokumente und auch bauliche Zeugen aufrechterhalten.

Wie die Zwieblinger, die Einwohner von Esslingen nun zu ihrem Scherznamen kamen:

Einst kam der Teufel persönlich in die damals bekannt kirchenfreundliche Reichsstadt Esslingen, just zu einem der Markttage.

Er wollte einmal prüfen ob nicht der eine oder andere seinen Verlockungen erliegen würde, er mischte sich verkleidet unter das Volk.

Er durchstreifte freundlich grüßend die Stadt und kam auch auf den Markt und freute sich das ihn bisher keiner in seiner Verkleidung erkannt hatte.

Auf dem Marktplatz wo gerade Wochenmarkt war, stachen ihm die schönen Esslinger Äpfel ins Auge er bat überfreundlich an einem Stand um die Darreichung eines Apfels, er wähnte sich immer noch unerkannt zu sein.

Doch weit gefehlt, die gewitzte Marktfrau hatte ihn an seinen Füßen, an seinem Pferdefuß unter seinem langen Mantel erkannt und gab im freundlich eine Frucht aus ihrem großen Korb, aber anstatt dem geforderten Apfel eine schöne große goldig gefärbte Zwiebel.

Der gehörnte biss heftig und gierig in die golden schimmernde Frucht, dem dargebotenen vermeintlichen Apfel, sogleich schüttelte es ihn nach dem ersten Bissen fürchterlich am ganzen Körper.

Es schüttelte ihn mächtig und er spie den Bissen voller Abscheu wieder aus, pfui Teufel entfuhr es ihm, das sollen eure hochgelobten leckeren Äpfel sein.

Er warf erbost den angebissenen Rest der Frucht fort und schimpfte und fluchte das er einen solchen Ort, wo es derart scharfes und widerlich schlecht schmeckendes Obst gäbe, nie wieder aufsuchen würde.

Er sprach dann hoch erzürnt den bekannt gewordenen und überlieferten Fluch aus:

*„Zur Strafe sollt ihr ab nun nicht mehr Esslinger,
sondern für alle Zeiten „Zwieblinger" heißen.*

Er machte sich ohne Gruß umgehend davon, man sah ihn mit fliegenden Schößen in Richtung Stuttgart enteilen. So wurde der Teufel durch eine List einer Marktfrau für alle Zeiten aus der Stadt vertrieben und ferngehalten.

Soweit eine alte Geschichte der weit über 1200 Jahre alten Reichsstadt am Neckar. Wobei man aber über den überlieferten Wahrheitsgehalt, jeder sich seine eigenen Gedanken machen kann.

Doch ganz entschwunden ist er aus Esslingen dann doch nicht, denn ein steinerner Wasserspeier an der großen alten Kirche am Marktplatz zeigt ihn schon seit unendlichen Zeiten mit einer Zwiebel in der linken Hand, hier kann man auch schmunzelnd vermerken, der Teufel sitzt hoch oben in Esslingen auf dem Kirchendach.

Dabei springt noch eine kleine Besonderheit auch ins Auge, dass fast auf Rufnähe drei recht alte und zum Teil imposante Kirchen, mit Mal mehr oder weniger hohen Türmen fast wie auf einer Linie neben einander stehen, davon aber nur Eine, eine Katholische ist.

Die aber alle drei mit ihren alten Haupteingängen in die Stuttgarter Richtung ausgerichtet sind, dass ja im Mittelalter und noch früher als unchristliches feindliches Ausland galt.

Über die lange Stadtgeschichte gibt es viel umfangreiches literarisches Buchmaterial und für Interessierte genügend Lesestoff.

Zum ersten Esslinger Zwiebelfest im Jahre 1987, dass damals von rund dreizehn Zwiebelwirten mit ihren Holzlauben ins Leben gerufen wurde, war über Jahr ein voller Erfolg.

Ein über, eine Woche langes Fest das es mittlerweile nun schon über dreißig Jahre gab und Überregional stets an Beliebtheit zugenommen hatte, wurde jetzt aber zur Rundum Erneuerung neu konstituiert.

Man kann nur hoffen das die neuere Version auch einen so langen Bestand einmal aufweisen kann.

Es wurde sogar ein Loblied in neun Reimen auf die Stadt und die Zwiebel von Helene Zahn kreiert, gesungen werden die Reime nach der Melodie von einem alten Studentenlied:

Zwischen Stuttgart und Cannstatt,
da steht ein Tunnel,
wenn man rein fährt wird es dunkel,
wenn man raus kommt wird es hell

Holadihi – Holadiho, Holadihi – Holadiho

* *

Zwei Reime als Ausschnitt
Zwieblinger Liedtext:

Die Zwiebel, ein Zeichen für unsere Stadt,
eine Marktfrau hat damit den Teufel verjagt.

Holadihi-i, Holadiho,

Die Zwiebel ist rund und hat sieben Häute
wenn man sie schält, ja dann weinen die Leute

Holadihi, Holadiho

Über viele Jahre hatte auch ein närrisches Esslinger Lied seinen festen Platz bei jeder Karneval Session.

Esslinger Lied / Schunkelwalzer
Teddy Beil / Robbi Fleischmann / Willi Hemminger

Refrain:
In Esslingen, ja in Zwieblingen, der Stadt am Neckarstrand
In Esslingen, ja in Zwieblingen, wo meine Wiege stand
Da küsste ich manche süße Maid und trank den goldenen Wein
In Zwieblingen, ja in Esslingen, ja da kann man Fröhlich sein

Strophe:
Ein jeder Mensch hat sein so Steckenpferd und auch so sein Pläsir
Er macht sich sein Leben halt lebenswert mit Sekt - Wein - Bier
Und wer dazu auch ein paar Freunde hat, die fest zu einem steh'n
der fühlt sich wohl in dieser Stadt, das müsst ihr doch versteh'n
der fühlt sich wohl in dieser Stadt, das müsst ihr doch versteh'n.

Refrain: In Esslingen, ja in Zwieblingen ....

Strophe:
Zu weilen läuft einem auch mal, 'ne Laus die Leber kreuz und quer
Da holt man am besten 'ne Flasche raus und trinkt sie langsam leer.
Dass dann diese Laus nur 'ne Reblaus ist, das sieht man alsbald ein
Weil man den Kummer rasch vergisst, das macht allein der Wein,
Weil man den Kummer rasch vergisst, das macht allein der Wein

Refrain: In Esslingen, ja in Zwieblingen ....

Mit diesem Lied haben die Hockedos, Hemminger / Fleischmann / Denneler/ viele Jahre auf der närrischen Bühne für Furore gesorgt.

Zudem gibt es auch einen aktiven Springbrunnen in der Form einer aufgeschnittenen Zwiebel in einem Altstadt Teil.

Seit 1983 gibt es ihn am Ende der Milchstraße Ecke Heppächer, den von dem Künstler Wolfgang Klein gestalteten tätigen

„Zwiebelbrunnen"

Der Zwiebel wurde im Laufe der sehr vielen Jahre in den verschiedensten Formen und Versionen gehuldigt, so kreiert auch seit vielen Jahren ein Süßwarenhersteller mitten in der Stadt das „Zwiebelchen„ den Zwiebelsamen als ein leckeres Bonbon.

Dem Namen und die Bezeichnung Zwiebel oder Zwieblinger kann man in dieser Stadt immer wieder hier und da unerwartet hören und begegnen.

Den eigentlichen Zeitpunkt der Entstehung dieser uralten Zwiebelgeschichte ist auch heute noch nicht so genau zu ergründen, da auch der Anlass zu dieser Sage nicht zeitlich überliefert ist.

Was aber als recht erstaunlich erscheint ist, bei so viel Zwiebelaffinität die Tatsache, dass man in dem gesamten Stadtbild keinen sogenannten ausgeprägten Zwiebelturm, Gaube oder Dachabschluss zu sehen bekommt.

„Esslingen ist eine uralte Stadt„

Wein - Schunkellied – Walz
Harry H.Clever

Refrain: Esslingen eine uralte Stadt
Viel Gutes sie zu bieten hat
Auf steilen Hängen rings umgeben
Wachsen hier die edlen Reben

Vers: Ob ein roter Trollinger, der Staffel Steiger
Oder ein Riesling, als helles Glockenspiel
Esslinger Wein gehört zu jeder Feier

Refr. : Esslingen……

Vers : Mehr als tausend Jahre ist`s schon bekannt
Esslinger Wein gehört zu jeder Feier
Ob Weiß ob Rot, Hauptsach vom Schwabenland

Refr.: Esslingen…….

Vers: Drum sei schlau lass dich nicht verdrießen
Denn zu allen Zeiten und Lebenslagen
Solltest du ihn ohne Reue gern genießen

Refr.: Esslingen eine uralte Stadt ….

Wein aus dem Neckartal!
Harry H.Clever

Zum Feiern trinkt man allemal
Esslinger Wein aus dem Neckartal
Ob Weiß ob Rot man hat die Wahl
Dann schmeckt er uns gut temperiert
Zuviel davon den Geist man schnell verliert
Drum trink ihn mäßig, dass es nicht geniert

Gute Laune und Wein im Glas
An Reben wächst ein köstlich Nass
Die meisten Leute mögen das
Ein jeder feiert nach seinem Pläsier
Zur frohen Stimmung aber rat ich dir
Ob nun mit Wein oder mit Bier

Mag man nicht Wein und Alkohol
Dann feiert man mit Wasser wohl
Abstinenz, auch so fröhlich und toll
Am nächsten Tag da merkt man eben
Man kann auch ohne Promille leben
Auch feiern aber ganz trocken eben.

Zum Feiern trinkt man aber allemal
Ein Getränk aus dem Neckartal
Mit oder ohne Prozente ist doch egal
Hauptsache und gut für die Stimmung ist
Das man die Feier nicht so schnell vergisst
'nen Ehrentag feiern, doch die Krönung ist.

Alte überlieferte Zwiebel Weisheiten!

Schon in der alten Geschichte sind diverse Zitate und Sprüche von namhaften Dichtern und Denkern über die Zwiebel bekannt:

Schon Wolfgang von Goethe, der für seine harschen Sprüche ja gefürchtet war, flocht die Zwiebel schimpfend auch Anno Mitte 17 Hundert in seine Gedanken und Rede ein:
Ist denn die Wahrheit eine Zwiebel
von der man Häute schält?
Was ihr hinein nicht gelegt,
ziehet ihr niemals heraus.
*
Auch Paracelsus, als Arzt und Philosoph, vermerkte Mitte 15. Jahrhundert:
Zwiebeln sind so viel wert, wie eine ganze Apotheke.
*
Selbst Asklepios als griechischer Gott der Heilkünste, sagte schon vor unserer Kalenderführung einst:
Wer jeden Morgen nüchtern Zwiebeln isst,
der lernt sein Leben lang, den Schmerz nicht kennen!
*
Eberhard Blanck, Heilpraktiker und Schriftsteller, äußerte sich nach dem 2.Weltkrieg so:
Der Zwiebelduft ist sehr berühmt,
obwohl sie riecht ganz unverblümt,
ist ihr Geruch wohl eher Gestank,
doch würzen tut sie, Gott sei Dank!
*

Die Zwiebel, ein Gasthaus in Esslingen!

Ein altes Gasthaus heute bekannt als die „Zwiebel„ in der Innenstadt von Esslingen, ist in eigentlich zwei kleineren schon leicht etwas windschiefen Fachwerkhäusern untergebracht, es besteht in dieser Form schon seit sehr vielen Jahren.

Erst Mitte der Neunzehnsechziger Jahre wurde aus dem damaligen Gasthaus Blumenstrauß das Lokal Zwiebel und ist seit dieser Zeit auch wieder ein nicht mehr fortzudenkender Lokalbegriff in der Esslinger Innenstadt geworden.

Erbaut wurden die vorderen Häuser nach Belegen der alten Esslinger Stadtgeschichte in der Küfer-Straße 21/23 schon zwischen etwa 1550 bis 1600, das gesamte Areal war damals eigentlich als eine Küferei auch in den anliegenden Hinterhäusern entstanden.

Seit undenklicher Zeit wird aber schon in diesen Gebäuden eine Lokalität und wesentlich früher auch eine Hauseigene Brauerei hervor gehend eben aus der Küferei über unzählige Jahre betrieben.

Damals galt diese alte Küferstraße als eine der wichtigsten Handelsstraßen in Richtung Ulm in dem Südwestlichen Landesbereich, mit unzähligen nötigen und entsprechenden handwerklichen Werkstätten und auch Herbergsbetrieben für die reisenden Kaufleute.

Natürlich wurde dieser Ort auch schon wegen dem bekannten guten Wein von den umliegenden Hängen, gerne von den Handelsleuten aufgesucht.

Ab etwa 1830 wurde in den sich anschließenden Hinterhäusern in der Kupferstraße 17 eine Hausbrauerei natürlich mit Ausschank in den Vorderhäusern von Karl Schmid betrieben.

Ab 1860 war dann der Braumeister und Wirt Lechleitner der Herr über den dann schon über viele Jahre stadtbekannten Blumenstrauß für viele Jahre.

Erst Anfang 1900 wurde dann der Braubetrieb eingestellt und das Haus von der Brauerei Wulle aus Stuttgart übernommen, erst Mitte der 1960 er wurde nach diversen Pächterwechseln aus dem alten Blumenstrauß dann die Gaststätte „Zwiebel„

Alter Stich der Gaststätte Zwiebel.

Die Zwiebel dürfte heute wohl mit die älteste noch bestehende Gastwirtschaft in der Esslinger Innenstadt sein, sie hat aber nie ihr markantes äußeres Erscheinungsbild verloren.

Der heutige Betreiber kam vor einigen Jahren eigentlich erst als Gast, als aktiver Wasserball Sportler zum Schwimmverein nach Esslingen.

Und hat sich erfolgreich in seinem Beruf nun, der auf dem Bereich Essen in zwischen doch etwas brach liegenden Zwiebel angenommen und wieder als eine gute Adresse entwickelt.

Viele Betreiber haben hier schon, mal mehr und mal weniger erfolgreich ihren Kochlöffel geschwungen, auch nach unzähligen kleineren Bauveränderungen ist es trotzdem ein gemütliches Gasthaus geblieben, so wie man sich eine uralte Wirtschaft eigentlich wünschen kann.

Soweit also die geschichtliche Verbindung zwischen einem mehr als uralten würzigen Gemüse und einer uralten Stadt am Neckar.

Womit auch ein alter Spruch seine Bestätigung hat,

„Essen und Trinken hält Leib und Seele zusammen„ und nicht nur das, sondern begleitete auch die Menschen schon über viele Jahrhunderte hinweg.

Natürlich gäbe es über diese sehr alte Stadt noch unendlich viel Stadtgeschichtliches zu erwähnen und aufzuführen, doch dieses überlasse ich lieber den diversen und umfangreichen Berichten und Büchern auf dem einschlägigen Markt.

Wie Sie in dieser Niederschrift auch feststellen konnten die Geschichte der Zwiebel schlägt auch eine gewaltige Brücke aus der tiefsten Weltgeschichte, den Altägyptern, zu einer recht alten Ortschaft im Schwabenland.

Somit war es schon zwangsläufig und auch nicht vermeidbar, auch ein wenig Lokalkolorit bei den Speisebeschreibungen einfließen zu lassen.

Wobei hier nochmals konstatiert werden muss, wer nichts ausprobiert kann auch schlecht etwas beurteilen.

Wer hätte es zu Anbeginn dieser Schrift schon gedacht, dass eine unscheinbare zum Teil auch verachtete uralte Knolle so viel Geschichte mit sich bringen kann.

Ich hoffe den zaghaften oder auch Koch lustlosen Lesern hiermit eine kleine Brücke zum gesunden Essen geschafft zu haben.

Harry H.Clever